V&R

■ FRÜHE BILDUNG
UND ERZIEHUNG ■

Frieder Harz

Interreligiöse Erziehung und Bildung in Kitas

Vandenhoeck & Ruprecht

Mit elf Abbildungen von Margarete Luise Goecke-Seischab

Bibliografische Information der Deutschen Nationalbibliothek

Die Deutsche Nationalbibliothek verzeichnet diese Publikation in der
Deutschen Nationalbibliografie; detaillierte bibliografische Daten sind
im Internet über http://dnb.d-nb.de abrufbar.

ISBN 978-3-525-70154-6
ISBN 978-3-647-70154-7 (E-Book)

Umschlagabbildung:

© 2014, Vandenhoeck & Ruprecht GmbH & Co. KG, Göttingen /
Vandenhoeck & Ruprecht LLC, Bristol, CT, U.S.A.
www.v-r.de
Alle Rechte vorbehalten. Das Werk und seine Teile sind urheberrechtlich
geschützt. Jede Verwertung in anderen als den gesetzlich zugelassenen Fällen
bedarf der vorherigen schriftlichen Einwilligung des Verlages.
Printed in Germany.

Satz: SchwabScantechnik, Göttingen
Druck und Bindung: ⊕ Hubert & Co., Göttingen

Gedruckt auf alterungsbeständigem Papier.

Inhalt

Worum geht es in diesem Buch? 9

1 **Zugänge: Interkulturelle und interreligiöse Erziehung und Bildung gehören zusammen** 13
  1.1 Kulturelles und Religiöses: Oft untrennbar miteinander verflochten 14
  1.2 Vielfalt als Herausforderung für das interkulturelle und interreligiöse Lernen 18
    1.2.1 Vielfalt bewusst wahrnehmen 18
    1.2.2 Vielfalt nicht als Belastung, sondern als Chance sehen 21
    1.2.3 Mit Fremdheitsempfindungen umgehen 24
    1.2.4 Kinder sind Konstrukteure ihrer kulturellen und religiösen Wirklichkeit 26
    1.2.5 Interkulturelle und interreligiöse Erziehung und Bildung braucht Elternpartnerschaft 28
  1.3 Fragen nach dem Gemeinsamen in der kulturellen bzw. religiösen Vielfalt 29
    1.3.1 Gemeinsamkeit suchen und pflegen 29
    1.3.2 Willkommenskultur – Vertrauen – Akzeptanz – Lebenssicherheit 32
    1.3.3 Verbindliche Gemeinsamkeiten von allen Beteiligten einfordern 35
    1.3.4 Verpflichtende Gemeinsamkeiten in Bildungsrichtlinien für Kindertageseinrichtungen 39
      1.3.4.1 Förderung der Eigenständigkeit des Kindes 40
      1.3.4.2 Verantwortlichkeit und Miteinander 42
      1.3.4.3 Kinder als kompetente Forscher und Entdecker 46
      1.3.4.4 Kinder als kreative Gestalter ihrer Welt 48
  1.4 Zusammenschau 50

2 Interreligiöse Herausforderungen angesichts der religiösen Vielfalt – Konzeptionen ... 53

2.1 Religiöse Vielfalt in der Gesellschaft ... 55
    2.1.1 Religionen und Konfessionen ... 55
    2.1.2 Religionsgemeinschaften ... 56
    2.1.3 Individuelle Glaubenseinstellungen ... 56
    2.1.4 Verdeckte Religiosität ... 58
    2.1.5 Religiöse Sprachlosigkeit ... 59
2.2 Zwischen gesellschaftlicher Religiosität, Traditionen der Weltreligionen und individueller Glaubenssuche ... 59
    2.2.1 Gesellschaftliche Religiosität ... 59
    2.2.2 Religiosität der Glaubensüberlieferungen ... 60
    2.2.3 Individuelle Religiosität als Familienreligiosität ... 63
2.3 Konzeptionen der interreligiösen Erziehung und Bildung ... 67
    2.3.1 Implizite Religiosität: Verhalten in christlicher Gesinnung ... 67
    2.3.2 Orientierung am Gemeinsamen: Vermeiden von Widersprüchen und Ausgrenzungen ... 68
    2.3.3 Religionssensible Bildung: Wahrnehmen, wie sich Religionen zeigen ... 70
    2.3.4 Interreligiöses Lernen in Begegnung: Sich auf religiöse Praxis und Überzeugungen einlassen ... 72
    2.3.5 Zum religiösen Profil der Einrichtung: Religiös und nicht religiös gebundene Trägerschaft ... 78

3 Die eine Wahrheit in der Vielfalt der Religionen ... 83

3.1 Missionsauftrag und Toleranzgebot ... 84
3.2 Exklusivismus – Der Glaube an den einen Gott als Zusammenschau des Verschiedenen ... 86
3.3 Bibeltexte in der Spannung zwischen Exklusivität und Situationsbezug ... 91
3.4 Inklusivismus – Bilder eines religiöse Grenzen überschreitenden Miteinanders ... 95
3.5 Dialog – Gespräche zu Gemeinsamem und Unterscheidendem ... 98
3.6 Mit den Augen des anderen sehen ... 99
3.7 Mit Unterschieden und Widersprüchen gut umgehen können ... 102
3.8 Dialog als Ereignis – Christlich-islamische Gespräche ... 104

4 Die eigene Haltung im Umgang mit religiöser Vielfalt in der Kita ... 113
4.1 Kinder – Wie sie wahrnehmen und zuordnen 113
4.1.1 Religiöse Sprachfähigkeit 114
4.1.2 Zuordnung der Beobachtungen zu Personen und Gruppen ... 115
4.1.3 Vorurteilen entgegenwirken 116
4.2 Mitarbeitende – Eigene Religiosität zur Sprache bringen 118
4.2.1 Biografische Erfahrungen 119
4.2.1.1 Fragen nach der eigenen Identität – Was mich stark macht 120
4.2.1.2 Fragen zum Zusammenleben in der Gemeinschaft – eigene Beiträge zum Gelingen 121
4.2.1.3 Fragen zum Wissen und Verstehen – zum Sichtbaren und Geheimnisvollen 122
4.2.1.4 Fragen zu fantasievollen Weltdeutungen 124
4.2.1.5 Methodische Anregungen zum biografischen Austausch 126
4.2.2 Auseinandersetzung mit christlichen Überlieferungen 127
4.2.2.1 Notwendige Klärungen 127
4.2.2.2 Beispiele aus der religionspädagogischen Praxis 128
4.2.3 Die muslimische Erzieherin in einer Einrichtung in kirchlicher Trägerschaft 131
4.2.4 Das christliche Profil der Kita als Teil des Gemeindeprofils ... 132
4.3 Gemeinsam mit den Eltern zur interreligiösen Verständigung finden 135
4.3.1 Voraussetzungen für konstruktives Problemlösen 135
4.3.2 Schritte des kompetenten interreligiösen Problemlösens 137
4.3.2.1 Vom Gemeinsamen ausgehen 137
4.3.2.2 Fremdheitsempfindungen zulassen 137
4.3.2.3 Das Eigene sich und den anderen deutlich zeigen – Rollendistanz 138
4.3.2.4 Gesprächspartner zu verstehen versuchen – »Role taking« 138
4.3.2.5 Lösungen suchen – Ambiguitätstoleranz 138
4.3.2.6 Perspektiven gewinnen – Identitätsdarstellung 138
4.3.3 Problemlösungen in Dimensionen des pädagogischen Geschehens 139
4.3.3.1 Dimension Raum: Erfahrungen mit dem Kirchenraum 139
4.3.3.2 Dimension Zeit: Feste unterschiedlicher Religionen feiern 140

       4.3.3.3 Dimension Erzählen: »Bibel – Nein danke« 142
       4.3.3.4 Dimension Gespräch: Mit Kindern theologisieren 143
       4.3.3.5 Dimension Spiel:
              Muslimische Kinder beim Krippenspiel? 145
       4.3.3.6 Dimension Biografie:
              Nicht alle dürfen Geburtstag feiern 146
       4.3.3.7 Dimension Stille und Gebet: »Bloß nicht beten!« 147

5 Religionen im Überblick 151
   5.1 Orthodoxes Christentum 151
   5.2 Judentum 154
   5.3 Islam 159
   5.4 Hinduismus 163
   5.5 Buddhismus 167

Literatur 171
Beispielregister 172
Stichwortregister 173

Worum geht es in diesem Buch?

Zur interreligiösen Erziehung und Bildung geben zahlreiche Veröffentlichungen wichtige Hilfestellungen: Sachinformationen zum Islam ermöglichen die für Gespräche mit muslimischen Eltern und Kindern nötige Orientierung. Praxisbeispiele eines gelingenden Miteinanders ermuntern zu Konsequenzen für die eigenen Arbeitsfelder. Kirchliche Verbände und Autoren haben in übersichtlichen Thesen und Artikeln konzeptionelle Anstöße gegeben. Die umfängliche wissenschaftliche Untersuchung des »Tübinger Projekts« (Interreligiöse und interkulturelle Bildung) hat Fundamente für die notwendige konzeptionelle und praktische Weiterarbeit gelegt.

Worin setzt dieses Buch seine besonderen Akzente?

Es will mehr sein als eine theoretische Entfaltung von Problemstellungen. Diese werden aufgenommen und bis in die konkrete Praxis hinein geführt. Umgekehrt werden Praxisbeispiele in konzeptionelle Zusammenhänge eingeordnet – das entspricht dem so oft angemahnten Brückenschlag zwischen Theorie und Praxis.

Religiöse Vielfalt ist viel mehr als das Miteinander von Christen und Muslimen – wiewohl die Begegnungen zwischen beiden Weltreligionen mit Recht im Vordergrund stehen. Religiosität zeigt sich auch im eigenen Glauben in oder abseits von religiösen Überlieferungen – in kritischer Auseinandersetzung mit ihnen bis hin zu deren Ablehnung. Viele aus der Kirche Ausgetretene oder nie Eingetretene machen sich über Gott und die Welt ihre eigenen kritischen Gedanken. Das wird in diesem Buch ganz bewusst auch in den Blick genommen. Dagegen werden konfessionelle Unterschiede zwischen evangelischen und katholischen Erziehenden, Eltern und Kindern nicht eigens thematisiert. In der Religionspädagogik des Elementarbereichs spielen sie so gut wie keine Rolle. Unterschiede in der Anstellungspraxis von Mitarbeitenden in Einrichtungen in kirchlicher Trägerschaft gehören nicht zum Themenkreis dieses Buches. Und falls sich bei der Beteiligung der Kinder an konfessionell spezifischen Festen (z. B. Fronleichnam, Reformationsfest) Differenzen zu Elternwünschen ergeben, gilt es die mit den in diesem Buch vorgestellten Rollen von Nähe und Distanz zu klären.

Pädagogischer Umgang mit religiöser Vielfalt hat sowohl das Gemeinsame wie auch das Unterscheidende im Blick. Das Gemeinsame ebnet die Wege für das Miteinander, die Unterschiede regen an, sich für Neues zu öffnen. Deswegen bekommt in diesem Buch das Unterscheidende immer wieder besonderes Gewicht. Das geschieht nicht, um das Trennende zu festigen. Vielmehr ist dessen Akzeptieren und Einbeziehen der Schlüssel zum Miteinander im Geist des Dialogs.

Alle Beteiligten sollen mit ihren Interessen Beachtung finden: Kinder, Eltern, Mitarbeitende in den Einrichtungen sowie die Träger– besonderes Augenmerk gilt kirchlicher Trägerschaft.

In diesem Buch geht es in erster Linie um die Personen, die für die interreligiöse Erziehung und Bildung in der Kita für die Begleitung der Kinder auf ihrem eigenen Weg des Glaubens Verantwortung tragen. Das sind neben Trägervertretern und Eltern vor allem die Mitarbeitenden. Urteile von Zeitgenossen über Religion machen sich immer an der Echtheit und persönlichen Überzeugungskraft fest, in der sie gelebt wird. Darum steht die eigene Haltung der Erziehenden auch hier im Mittelpunkt. Das prägt den Stil der Sprache: An Beispiele, konzeptionelle Überlegungen oder theologische Gedanken schließen sich Anregungen zum eigenen Nachdenken an. Vieles ist in Dialogform vorgestellt. Das häufig verwendete »Ich« und »Wir« soll dazu einladen, ein eigenes Verhältnis zum Benannten zu finden. Praxis eigenständig zu reflektieren, durch Beispiele und Fragen die eigene Situation differenzierter zu sehen und kompetent entscheiden zu können – darum geht es in diesem Buch.

Das **1. Kapitel** knüpft an interkulturelle Bildungsaufgaben an und führt mit vielen Beispielen in den interreligiösen Bereich ein. Zusammenhänge zwischen interkulturellem und interreligiösem Lernen zeigen neben dem Gemeinsamen deutlich auch das Besondere der interreligiösen Erziehung und Bildung.

Das **2. Kapitel** lenkt den Blick auf das weite Feld des Religiösen in der modernen Gesellschaft und skizziert den Rahmen für die Konkretionen, die z. B. neben den muslimischen Familien immer auch Menschen ohne explizite religiöse Bindungen zu berücksichtigen haben. Diesem weiten Rahmen ist auch die Vorstellung und Kritik der bestehenden interreligiösen Konzeptionen verpflichtet.

Das **3. Kapitel** geht davon aus, dass interreligiöses Engagement nicht von einem Standort ›über‹ den Religionen sinnvoll erscheint, sondern zwischen Menschen mit ihren religiösen Einstellungen geschieht. Dazu gehört auch das Interesse kirchlicher Trägerschaft an einem erkennbaren christlichen Profil. Dies ist sorgfältig auf seine Dialogfähigkeit hin zu prüfen, wozu eine theologische Orientierung die Voraussetzungen liefert.

Das **4. Kapitel** richtet erneut den Blick auf die im interreligiösen Erziehungs- und Bildungsgeschehen beteiligten Personen. Neueste Befunde zeigen, wie Kinder mit religiöser Vielfalt umgehen und darin begleitet werden können. Das Klären der persönlichen religiösen Haltung der Mitarbeitenden beginnt mit dem Bedenken der eigenen religiösen Biografie – auch im Bezug zu christlichen Traditionen. Zu bewähren hat sich die eigene Haltung zum einen im umsichtigen Aufgreifen anregender Praxisideen, zum anderen im kritischen Dialog mit den Eltern. In ihm geht es um Partnerschaft auch in unterschiedlichen Meinungen, um Transparenz in getroffenen Entscheidungen, um daraus erwachsende neue und kreative Gestaltungsideen.

Das **5. Kapitel** rückt mit knappen »Steckbriefen« zu den bedeutendsten Weltreligionen abschließend die für die persönlichen Einstellungen und Entscheidungen unentbehrlichen Sachinformationen ins Blickfeld.

1 Zugänge: Interkulturelle und interreligiöse Erziehung und Bildung gehören zusammen

In diesem Kapitel gehen wir von dem aus, was interkulturelles und interreligiöses Lernen miteinander verbindet, worin beides vor vergleichbaren Herausforderungen und Aufgaben steht. In der Zusammenschau von beidem wird es hoffentlich leichter, die Schritte von den interkulturellen zu den interreligiösen Aktivitäten zu gehen. Es geht dabei keineswegs nur um das, was Migrantenfamilien aus ihren Heimattraditionen mitbringen, sondern interkulturelle und -religiöse Vielfalt begegnet uns schon im vermeintlich bekannten und vertrauten Eigenen. Wir fragen deshalb zuerst danach, wie sich uns Kultur und Religion zeigen, wie sie uns in anderen begegnen und welche Aufgaben sich daraus für interkulturelles und -religiöses Lernen ergeben. Was heißt, kulturelle und religiöse Vielfalt anzunehmen und zu gestalten? Welche Voraussetzungen bringen Kinder mit und wie kann Erwachsenen diese Aufgabe gelingen?

Der Vielfalt steht das Fragen und Suchen nach dem Verbindenden und Gemeinsamen gegenüber. Was macht das Unübersichtliche überschaubar und hält das Auseinanderstrebende zusammen? Was kann dem pädagogischen Umgang mit kultureller und religiöser Vielfalt Orientierung geben? Das verfolgen wir zum einem in dem, was uns zwischenmenschlich verbindet, zum anderen in rechtlich verpflichtenden Leitlinien – bis hin zu den Bildungsrichtlinien für den Elementarbereich, welche die pädagogischen Aufgaben auch im interkulturellen und interreligiösen Bereich thematisieren. In all diesen Aspekten wird immer wieder deutlich: Was das gesellschaftliche Miteinander kennzeichnet und bestimmt, spiegelt sich auch im Zusammenleben in der Kita.

1.1 Kulturelles und Religiöses: Oft untrennbar miteinander verflochten

Streit um das Kopftuch
Eine muslimische angehende Erzieherin macht ihr Praktikum in einer kirchlichen Einrichtung. Darf sie dabei ihr Kopftuch tragen? Da wird im Team und auch im Kirchenvorstand diskutiert.
Die einen lehnen das ab: »Vom Kopftuchgebot steht unmittelbar nichts im Koran. In der Türkei war es sogar lange Zeit verboten. Wenn wir es bei uns verbieten, widerspricht das nicht dem gebotenen Schutz der religiösen Überzeugungen.« Andere bekräftigen: »Es ist ja ›nur‹ eine kulturelle Besonderheit, die ist keineswegs religiös verbindlich. Früher gingen auch bei uns die Frauen nicht ohne Kopftuch aus dem Haus und in die Kirche, und heute ist das alles anders.« Hinter solchen kulturellen Wandlungen stehe also keine grundsätzliche, situationsunabhängig gültige religiöse Pflicht des Islam, die respektiert werden müsse wie z. B. das Schweinefleischverbot. Wieder andere setzen dagegen: »Aber für so viele Muslime steht das Kopftuch für ihre religiöse Identität. Die muss doch geachtet werden.« Wer von uns Christen würde sich trauen, den eigenen Glauben so mutig zu zeigen? Das verdient Respekt und Anerkennung.

Wer hat recht?
Wer könnte hier wirklich entscheiden, was kulturell und nicht religiös begründet und was tiefe religiöse Überzeugung ist?
Und wie würde das die anstehende Entscheidung beeinflussen?

Kulturelle und religiöse Traditionen sind eng miteinander verflochten, sodass es kaum möglich ist, beides klar voneinander zu trennen. Das zeigt sich schon innerhalb der abendländisch-christlichen Traditionen und gilt genauso für interkulturelle und religiöse Bezüge.

Viele unserer kulturellen Traditionen haben in religiösen Bindungen ihre Wurzeln, auch wenn diese Zusammenhänge mal mehr, mal weniger deutlich in Erscheinung treten. Unzählige Bilder in unseren Museen sind ohne Kenntnis der ihnen zugrunde liegenden biblischen Geschichten kaum verständlich. Das gilt auch für viele Werke der Musik und vor allem für das kulturelle Brauchtum der Weihnachts- und der Osterzeit. Wer solche Ereignisse verstehen will, muss sich auch mit der christlichen Tradition befassen. Umgekehrt sind die christlichen Traditionen auch durch kulturelle Einflüsse gestaltet worden. Kirchen in Norddeutschland sind karger als die überschwänglich gestalteten Barockkirchen Süddeutschlands. Gospelgottesdienste aus der nordamerikanischen Tradition sind ganz anders als die traditionellen Liturgien bei uns. Kirchenlieder sind vom Stil ihrer Entstehungszeit bestimmt. Martin Luther hat für viele seiner Lieder volkstümliche Melodien verwendet. Neue Lieder atmen den Geist unserer Zeit, rufen Zustimmung bei den einen und Widerspruch bei den anderen hervor. Zu kulturellen Feierlichkeiten wie Stadtjubiläen und Gedenktagen gehören traditionell auch Gottesdienste. Kirchweihfeste haben sich zu Dorffesten entwickelt.

Entsprechendes gilt für die **interreligiöse** Sicht: Es gibt nicht *den* Islam, *den* Hinduismus usw., sondern die Weltreligionen begegnen uns in ihren kulturtypischen Besonderheiten. Besonders eindrücklich ist dies bei den Entwicklungen des Buddhismus, der z. B. in Tibet ganz andere Gestalt gewonnen hat als in Japan. Wenn wir von dem Islam bzw. anderen Religionen reden, so schließt das immer unterschiedliche kulturelle Ausprägungen ein. Bei den religiösen Festen im Lebenskreis sind Religiöses und Kulturelles untrennbar miteinander verbunden. Menschen leben in ihren Kulturen und Religionen und gestalten beides mit.

Info: Kindheit im Islam – Wie Religiöses und Kulturelles zusammenwirken
- Die Geburt eines Kindes, ganz besonders eines Jungen, ist Anlass zu großer Freude.
- Bleibt eine Ehe lange kinderlos, lastet auf der Ehefrau enormer Druck. Oft wird dann bei einer Wunderheilerin und magischen Praktiken, bei einer Wallfahrt, mit einem Gelübde Hilfe gesucht.
- Dem Kind wird unmittelbar nach der Geburt das islamische Glaubensbekenntnis ins rechte Ohr gesprochen: Es gibt keinen Gott außer Allah, und Muhammad ist sein Prophet.

Abbildung 1: Kunstvolle Kalligrafie des islamischen Glaubensbekenntnisses

- Dieses Bekenntnis begleitet einen Muslim jeden Tag seines Lebens.
- Es gilt das Neugeborene vor dem »Bösen Blick« einer übelwollenden anderen Person zu schützen, z. B. durch blaue Perlen, die in die Bekleidung eingenäht sind, oder indem das Neugeborene die ersten 40 Tage nicht außer Haus gebracht wird.
- Wer in einer muslimischen Familie geboren wird (insbesondere wenn der Vater Muslim ist), gilt automatisch als Muslim; dazu ist keine weitere Erklärung nötig.

– *Wo fällt Ihnen hier das Ineinander von Kulturellem und Religiösem auf? Wo lässt es sich unterscheiden? Wie verhält es sich mit Brauchtum rund um die Geburt in christlich geprägten Traditionen?*

Was ist Kultur?	Was ist Religion?
Als Kultur lassen sich all die Lebensumstände bezeichnen, die im menschlichen Schaffen ihre Herkunft haben: Von Wohnen, Nahrung, Kleidung über die sog. Kulturtechniken wie Rechnen, Schreiben, Lesen spannt sich ein weiter Bogen bis zu dem handwerklichen und geistigen Wirken und weiter bis zu den Schöpfungen der Kunst.	In religiösem Erleben, Denken und Verhalten gestalten Menschen ihre Beziehung zu einer höheren Macht und deuten in solchem Verbundensein all das, was ihr Leben bestimmt: die Fragen nach dem Woher und Wohin der eigenen Person und der ganzen Welt, nach dem Sinn des Lebens, nach dem, was dem Leben Halt gibt. Religion ist das sich Hinausbewegen über das Alltägliche, das Grenzüberschreitende.
Für das Zusammenleben der Menschen hat kulturelles Schaffen besondere Bedeutung. Wohnen, Essen, sich Kleiden geschieht nach bestimmten Gepflogenheiten, Gewohnheiten und Stilen. In Gebärden, Gesten, Sprache werden Inhalte kommuniziert. Im Alltag wie bei Festen lassen wiedererkennbare Handlungsweisen und Bräuche das Gefühl der Zusammengehörigkeit entstehen.	Umgekehrt bedeutet das: Wo Religion in diesem Sinne fehlt, da wird Leben auf das Vorfindliche, Gegebene, Machbare reduziert. In jedem steckt die Fähigkeit, über das unmittelbar Wahrnehmbare hinaus zu denken und sich Fragen zu stellen, auf die man nicht mit Ja oder Nein antworten kann. Schon kleine Kinder fragen, woher die Menschen und die Tiere kommen und wohin sie gehen, wenn sie sterben.
Kultur ist die Vielfalt all dessen, was Menschen in regional geprägten Traditionen hervorbringen, samt den Bedeutungen, die sie ihm geben. Mit seinem kulturellen Schaffen erlebt sich das Individuum als Teil menschlicher Gemeinschaft.	Das Staunen angesichts des klaren Sternenhimmels ist etwas Religiöses, wie auch das Nachdenken darüber, wozu es die Welt gibt und wozu die Menschen auf der Welt sind. Das göttliche Gegenüber wird zum einen zusammenfassend als das verstanden, was uns »unbedingt angeht«, als die »Tiefe des Seins« (Paul Tillich), als die »alles umfassende Wirklichkeit« (Rudolf Bultmann), als Ursprung und Ziel allen Lebens.

1.1 Kulturelles und Religiöses

Was ist Kultur?

Menschen bewegen sich in einer Vielzahl von Kulturen:
in Familienkulturen, Schulkulturen, Jugendkulturen, in Milieus mit ihren Ausdrucksformen und Verhaltensweisen, im Sportverein, in Musikkulturen vom Popkonzert bis zur Oper, in Stadt- und Landkulturen. Zum einen finden sich Menschen in solchen kulturellen Zusammenhängen vor und eignen sie sich an. Sie lernen mit Kultur umzugehen, die andere über die Generationen hinweg hervorgebracht haben. Zum anderen wirken sie selbst mit ihrem eigenen Schaffen auf diese Bedeutungen ein und setzen neue Akzente. So nehmen sie sich als Individuum wahr und wirken am Wandel von Kultur mit. Menschen leben in Kulturen, die andere geformt haben und sie gestalten sie zugleich produktiv weiter.

Gegen ein statisches Verständnis unveränderlich festgeschriebener kultureller Merkmale und entsprechender Bedeutungen gilt es deshalb auf die Dynamik kultureller Aktivitäten aufmerksam zu machen. Lebensstile und Moden wechseln, Sprache und Umgangsformen verändern sich, Festbräuche verlieren ihre Bedeutung und andere, neue entstehen.

Durch Zuwanderung ist Deutschland auch in ethnischer Hinsicht zu einem multikulturellen Land geworden. Unter den Einheimischen leben Arbeitsmigranten, Flüchtlinge, Aussiedler, Asylanten. Auf der Straße begegnen uns Menschen z. B. mit auffallender Bekleidung. Im Bus oder in der U-Bahn hört man die verschiedensten Sprachen. Zuzug aus anderen Ländern hat die kulturelle Pluralität im Land erweitert.

Was ist Religion?

Es entfaltet sich zum anderen in der Vielfalt der menschlichen Tätigkeiten:
im philosophisch-theologischen Durchdenken der Zusammenhänge unserer Welt unter dem Vorzeichen solcher religiöser Bindung, im Gestalten der Zeit, im Wechsel von Alltag und Festzeiten mit ihren Botschaften für das Leben, in Ritualen und Gebeten, in erfahrenem Zuspruch, Trost und Segen, in der Aufforderung zu ethischem Engagement, in den Ordnungen des Miteinanders.

Religiosität und Kirchlichkeit sind nicht gleichzusetzen. Religiöse Bindung kann auf ganz unterschiedliche Weise gelebt werden, vom Suchen und Finden der eigenen Lebensmitte in Konzentration und Rückzug auf sich selbst als auch in der Gemeinschaft des gegenseitigen Sich-Bestärkens im Suchen und Fragen, im Arbeiten und Feiern. Religion zeigt sich in der gut zugänglichen Symbolik der unterschiedlichen Glaubensüberlieferungen und in den kaum fassbaren Strömungen des »Dschungels« der modernen Religiosität. Viele Menschen wenden sich von den kirchlichen Organisationen ab, weil sie diese als zu statisch und unbeweglich empfinden, suchen neue Antworten auf ihre religiösen Bedürfnisse und Fragen. Andere finden gerade im zeitlos Gültigen ihren Halt, gewinnen in ihm Orientierung.

Mit der Zuwanderung, aber auch mit Reisen in andere Länder und Begegnungen mit Religiosität, die sich von der bekannten des Christentums unterscheidet, ist das Christentum im interreligiösen Zusammenhang als eine der großen Weltreligionen unter anderen bewusster geworden. Fragen nach Verbindendem und Trennendem stellen sich – und auf neue Weise die entscheidende Frage nach der Wahrheit und dem einen Unbedingten, Urgrund und Göttlichen, nach der einen Quelle alles Lebens und dem, was ihm seinen Sinn gibt.

> *Wo entdecken Sie Gemeinsamkeiten und Unterschiede zwischen Kultur und Religion?*
> *Welche wechselseitigen Abhängigkeiten und Verflechtungen treten ins Blickfeld?*
> *Welche Sichtweisen haben sich durch Migration und damit verbundene gesellschaftliche Veränderungen gewandelt?*
> *Wo erkennen Sie gemeinsame Aufgabenstellungen in interkulturellen und interreligiösen Herausforderungen?*
> *Was sollte in pädagogischer Hinsicht unterstützt werden?*

1.2 Vielfalt als Herausforderung für das interkulturelle und interreligiöse Lernen

Was ergibt sich aus dem Verständnis von Kultur und Religion im je Eigenen und Verbindenden für die pädagogischen Aufgaben? Welche Bedeutung haben die in beidem wahrnehmbaren Veränderungen für das Bildungsgeschehen in der Kita? Es ist zum einen der konstruktive Umgang mit der Vielfalt, zum anderen die Suche nach Gemeinsamkeiten und in beidem der sichere Umgang mit dem Anderen und Fremden samt dem, was sich daraus für Kinder und Erwachsene ergibt.

1.2.1 Vielfalt bewusst wahrnehmen

In den zurückliegenden Jahrzehnten ist kulturelle Vielfalt in globaler Weite für unsere Gesellschaft kennzeichnend geworden. Menschen mit unterschiedlichen kulturellen Wurzeln gestalten unsere Gesellschaft mit. Deutschland hat sich zum Einwanderungsland gewandelt und braucht auch die ins Land Gekommenen. Etwa ein Drittel aller Kinder stammen aus Familien mit Migrationshintergrund. Das Zusammenleben der Verschiedenen ist Normalität, nicht Sonderfall – darin aber auch Herausforderung, die es zu bewältigen gilt. Bildung hat von der Vielfalt auszugehen, sie nicht zu eliminieren, sondern in ihren Chancen für das Miteinander zu fördern.

> **Info: Von der Ausländerpädagogik zum Inklusionsauftrag**
> In der früheren interkulturellen Bildung sprach man noch von Ausländerpädagogik. Es galt die »Fremden« in unser Land zu »integrieren«, sie an unsere Lebensverhältnisse anzugleichen. Ganz anderen Zielen folgt die neuere interkulturelle Erziehung und Bildung, die dem Inklusionsauftrag verpflichtet ist:

1.2 Vielfalt als Herausforderung

Es gilt unsere Gesellschaft mit allen darin Lebenden von vornherein in ihrer Vielfalt zu denken und diese alle Beteiligten einschließende Vielfalt in den sozialen Formen in Kita und Schule abzubilden.

Für die interkulturelle Pädagogik bedeutet das: Anstelle der Ausländerpädagogik, die sich nur an die zugewanderten Familien und Kinder richtete, sind mit interkultureller Erziehung und Bildung alle angesprochen und zu beteiligen. Kulturelle Vielfalt regt alle Kinder an, Neues zu entdecken, sich in andere kulturelle Überlieferungen hineinzuversetzen, dabei auch Distanz und Nähe zu erproben. Es geht nicht mehr um bruchlose, einheitliche Lebensräume, die zu bewahren oder wiederherzustellen sind, um eine Welt ohne kulturelle Widersprüche und Spannungen, sondern mit den Gemeinsamkeiten auch um Unterschiede. Es geht um die Herausforderung, sich beidem zu stellen und konstruktiv auch mit den Übergängen und Brüchen umzugehen. Ziel ist das gleichberechtigte Zusammenleben von Menschen unterschiedlicher ethnischer, kultureller und religiöser Herkunft – auf der Basis von Grund- und Menschenrechten und gemeinsamer Verständigungsmöglichkeiten.

Das gilt auch in religiöser Hinsicht: Deutschland ist nicht nur zu einem multikulturellen, sondern auch zu einem multireligiösen Land geworden. Über 4 Millionen Muslime in Deutschland (Stand 2009) zeigen dies. Und gemäß der in den Verfassungen verankerten Religionsfreiheit steht es auch den Mitgliedern anderer Religionen zu, ihre religiöse Bindung ungehindert zu leben und entsprechend auch religiöse Bildung zu praktizieren. Aktuell geschieht dies z. B. mit der Einrichtung des islamischen Religionsunterrichts an öffentlichen Schulen, mit entsprechenden Studiengängen an Hochschulen samt dem Erstellen von Lehrplänen etc. Allerdings zeigen sich gerade in religiöser Hinsicht viele Vorbehalte: Da wird die Einheit des christlichen Abendlands beschworen, die es nicht erlaube, dass sich neben den gewohnten Kirchtürmen, die die Silhouetten der Städte prägen, auch die schlanken Minarette zeigen. Da gelten zuweilen auch in den Kitas noch die Kinder anderer Religionen als die Hinzugekommenen, die die bisherige Einheitlichkeit stören.

Die Einrichtung mit den Augen der Anderen sehen
Wie sehr die inklusive Sichtweise gleichermaßen eine interkulturelle und interreligiöse Aufgabe ist, zeigt der folgende Check:
Räumlich:
Inwiefern wird beim Gang durch die Einrichtung sichtbar, dass hier Kinder aus verschiedenen Kulturen und Religionen zusammenleben?

Findet sich ein interreligiöser Kalender, und zwar nicht nur ein nüchternes offizielles Plakat, sondern ein selbstgestalteter mit Bezug auf die Einrichtung, am besten in Form von in sich beweglichen Ringen, die jedes Jahr neu justiert werden können?

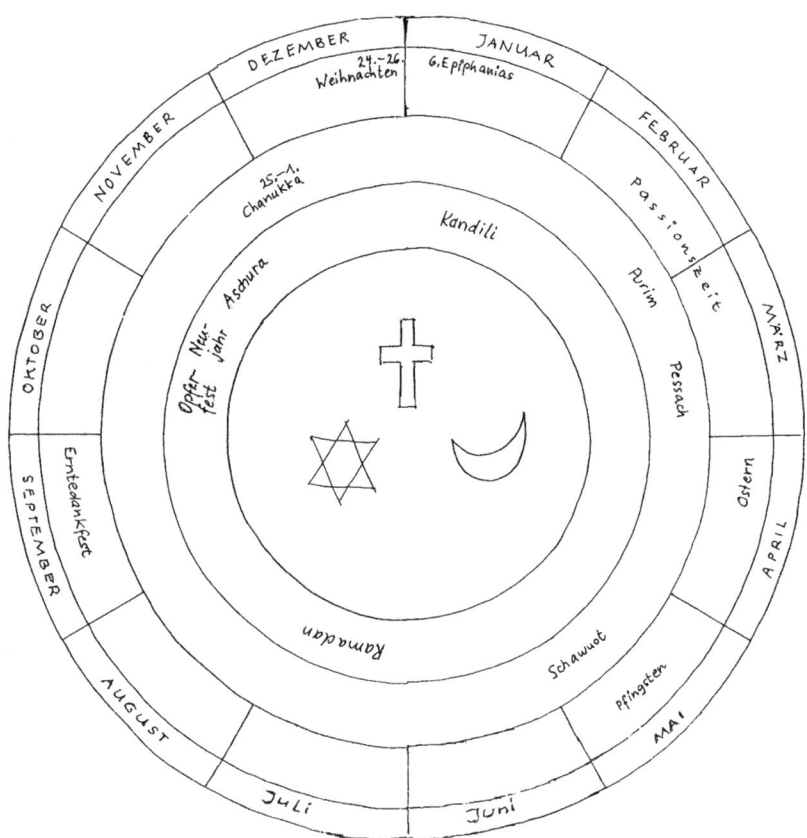

Abbildung 2: Der interreligiöse Jahresfestkreis

Muslimische Feste
Id Al-Asa/Opferfest   10. Tag des 12. Monats: 10. Sul Hidschdschach
Neujahrsfest   1. Tag des 1. Monats: 1. Muharram
Aschura/Zehnerfest   10. Tag des 1. Monats: 10. Muharram
Kandili/Geburtstag des Propheten   29. des 2. Monats: 29. Safar
Id al-Fitr/Zuckerfest   am Ende des 9. Monats: Fastenmonat Ramadan

Sind in der Spielkiste Materialien (Puppen, Kleidungsstücke, Tücher), die der kulturellen Vielfalt entsprechen?

Gibt es zweisprachige Kinder- und Bilderbücher, Musikinstrumente und Tonträger aus den von den Kindern repräsentierten Ländern?

Gibt es z. B. eine Land- bzw. Weltkarte mit Fähnchen an Herkunftsorten? Erscheint auch ein Bild mit Symbolen der vertretenen Religionen?

Zeitlich:
Werden zu den Hauptfesten der repräsentierten Religionen informative Bilder mit Hinweisen auf das gerade begangene Fest ausgestellt?

Werden Gelegenheiten genutzt, zu denen Eltern und Kinder etwas von ihrem Fest in die Kita mitbringen, zum Zeigen und Mitfeiern?

Gehen Sie mit den Augen der Eltern mit anderem kulturellen und religiösen Hintergrund durch Ihre Einrichtung: Was nehmen Sie anders wahr als bisher? Zeigen sich »blinde Flecke«, die Ihnen bisher nicht bewusst waren? Auf welche Ideen kommen Sie?

Die Kitas mit Kindern aus unterschiedlichen Kulturen und Religionen können einen wesentlichen Beitrag dazu leisten, dass neben der kulturellen Vielfalt auch die religiöse Vielfalt bewusst gemacht und als Normalität verstanden und akzeptiert wird.

1.2.2 Vielfalt nicht als Belastung, sondern als Chance sehen

Menschen mit Migrationserfahrungen werden oft als Problemgruppen etikettiert, Kinder nicht deutscher Herkunft als Belastung der pädagogischen Arbeit in der Kita gewertet. Die Sicht auf die Migrantenkinder wird dann durch Defizitzuschreibungen bestimmt. Sie werden als benachteiligt, belastet, förderungsbedürftig usw. wahrgenommen: »Ausländerkinder machen mehr Arbeit als andere Kinder, sie belasten die Gemeinschaft« – so hört man immer wieder. Stattdessen ist der Blick zuerst auf die von ihnen bereits erworbenen Fähigkeiten des Umgangs mit kulturellen Herausforderungen zu richten. Solche Kinder haben besondere Erfahrungen mit kulturellen Umbrüchen in ihrem Leben gemacht. Sie mussten und müssen lernen, sich auf die neuen kulturellen Gegebenheiten in Deutschland einzustellen, mit kultureller Vielfalt umzugehen. Sie haben gelernt, sich in den unterschiedlichen kulturellen Räumen zu bewegen. Sie sind vielfach geschickte Wanderer zwischen den kulturellen Welten. Sie können Verhaltensmuster und ethische Standards den für sie wichtigen Personen und Gruppen zuordnen, lernen dabei auch eigene Positionen einzubringen und so ihre eigene kulturelle Identität zu entwickeln. Sie sind deshalb nicht als Belastung der Kindergruppe, sondern als Impulsgeber für interkulturelle Kompetenz zu sehen. So können sie auch andere dazu anregen, sich auf ihre Weise den Herausforderungen kultureller Pluralität zu stellen. Zu diesem Perspektivenwechsel anzuleiten ist eine zentrale Aufgabe kultureller Erziehung und Bildung.

Entsprechendes gilt auch in interreligiöser Hinsicht: »Wir haben schon Mühe, mit unserer eigenen christlichen Religion klarzukommen, und jetzt sollen wir uns auch noch mit anderen Religionen beschäftigen«, seufzen manche Erzieherinnen und Erzieher. Unsicherheit macht sich breit, wie mit der neu in der Einrichtung begegnenden religiösen Vielfalt umzugehen ist. Was kann man Eltern und Kindern anderer Religionen zumuten, was nicht? Sich gründlich mit interreligiösen Konzeptionen beschäftigen zu müssen, wird oft als belastend empfunden. Und dann kommen auch noch diejenigen Eltern in den Blick, die allen religiösen Aktivitäten in der Kita misstrauisch gegenüberstehen, religiöse Bindung für sich und ihre Kinder ablehnen. Da erwartet der kirchliche Träger weiterhin die seit jeher praktizierte christliche Religionspädagogik und Eltern mit anderer religiöser Bindung reagieren darauf verunsichert, enttäuscht, auch empört und aggressiv. Oft werden Erziehende in kommunalen Einrichtungen im Zusammenhang mit Speisevorschriften, Festbräuchen etc. erstmals mit religiösen Themen konfrontiert und sehen sich genötigt, sich damit auseinanderzusetzen.

Auf der anderen Seite bieten sich im unmittelbar anschaulich gegebenen Erfahrungsbereich viele Anstöße und Impulse zum grenzüberschreitenden religiösen Lernen an, mit denen auch christliche Inhalte wieder neue Beachtung finden können.

Aus Erfahrungsberichten von Erzieherinnen
»Ich finde es wichtig, dass wir uns auch mit anderen Religionen beschäftigen. Aber in der Schule war das eher trockener Lernstoff, so zu den ›Fünf Säulen des Islam‹ usw. In der Kita geht es jetzt ganz anders zur Sache. Beim Ramadan haben sich alle Kinder auf einmal sehr für das Fasten interessiert, wir haben über das Verzichten nachgedacht und die Kinder hatten tolle Ideen, wo uns das Verzichten auf etwas guttun könnte. Der Moscheebesuch war ein Erlebnis und wir selbst haben unsere Kirche auf einmal mit ganz anderen Augen gesehen.«

Eine andere Erzieherin ergänzt und kommt zu dem Schluss: »In unserer Einrichtung haben wir kein Kind mit einer anderen Religion. Ich fühle mich da richtig benachteiligt.«

1.2 Vielfalt als Herausforderung

Wie empfundene Belastungen zur Chance werden können, darum geht es auch beim religiösen Orientierungswissen. Wie kann man sich in den verschiedenen Religionen zurechtfinden, noch dazu, wenn sie in den Familien in ganz unterschiedlicher Weise praktiziert werden? Orientierungswissen hilft ins Gespräch mit Eltern zu kommen, um so ihren Umgang mit den entsprechenden religiösen Traditionen kennenzulernen.

Info: Orientierungswissen als ›Türöffner‹
Orientierungswissen vermitteln Bücher, Fortbildungen oder auch die knappen Einführungen in Kapitel 5 dieses Buches. Es hilft,
- gezielte Fragen zu stellen, auf die die Beteiligten dann mit ihrem Wissen zu ihrer Religion antworten können: »Inwiefern sind die Speisegebote für Sie wichtig? Wie feiern Sie dieses Fest?«
- Türöffner für Gespräche zu gewinnen: »Ich habe gelesen, dass das Haar vom ersten Haarschnitt eines Kindes nach der Geburt sorgfältig aufgehoben bzw. sogar in Gold aufgewogen wird. Kennen Sie das auch?« Das signalisiert Interesse und stiftet Vertrauen.
- Vorurteile und Kränkungen vermeiden: Da wurde zu einem Elternabend eingeladen – von den muslimischen Eltern kam niemand. Kommentar: »Die interessieren sich ja doch nicht für unsere Arbeit!« Aber der Termin lag im Ramadan, und da gehört das abendliche Fastenbrechen den Familien.
- Eine Mutter hatte einen schön gebundenen Koran mitgebracht; nach der Besprechung mit den Kindern wurde er achtlos auf den Boden gelegt. Die Mutter ist gekränkt, denn die Heilige Schrift des Koran soll immer in erhöhter Position liegen.

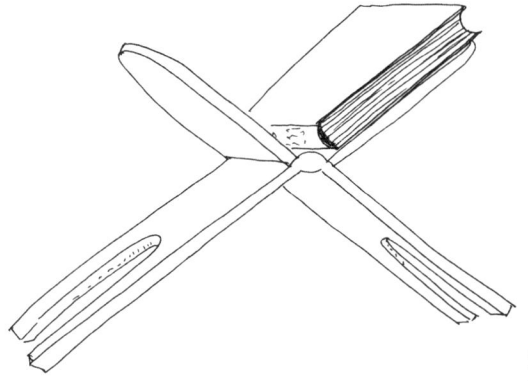

Abbildung 3:
Koranlesehilfe

Mit dem Orientierungswissen im Hintergrund kann auch ein kleiner Fragenkatalog bei der Anmeldung durchgegangen werden:
- Was ist Ihnen für das religiöse Verhalten Ihres Kindes wichtig?
- Wo befürchten Sie eine Verunsicherung Ihres Kindes?
- Was möchten Sie unbedingt vermeiden?
- Was können wir als Kita beitragen, um Ihre Befürchtungen zu entkräften?
- Wo sind unsere Grenzen?
- Was sollten wir im kooperativen Miteinander sorgfältig abklären, um gute Lösungen zu finden?

1.2.3 Mit Fremdheitsempfindungen umgehen

Das Fremde als Herausforderung für Kinder und Erwachsene

In einer Fortbildungsveranstaltung, in der viel von dem Bereichernden der interkulturellen Begegnungen geschwärmt wird, platzt einer Erzieherin der Kragen:

»Habt ihr schon mal in einem Mietshaus gewohnt mit Familien aus aller Welt? Da zur Ruhe zu kommen, ist ein Kunststück. Die schräge Musik aus allen Ecken ist nicht meine, aber ich kann sie nicht abstellen. Ich kann sie nicht mehr hören. Das gilt auch für die Gerüche, die sich im Treppenhaus zusammenmischen. Und mit den Leuten darüber zu reden, das geht auch nicht. Das ist der interkulturelle Alltag, auf den ich gern verzichten kann.«

Kulturelle Andersartigkeit wirkt oft auch befremdend. Interkulturelles Lernen zielt deshalb darauf ab, solche Fremdheitserlebnisse nicht zu überspielen oder zu leugnen, sondern sich ihnen zu stellen. Das als fremd Empfundene kann auch heftig stören und die Sehnsucht nach dem Eigenen verstärken. Wichtig ist es deshalb, die eigenen Fremdheitsgefühle zu akzeptieren, um sich mit ihnen – nicht gegen sie – Umgangsweisen mit Fremdem anzueignen, die echt und stimmig sind und so zu neuen Erfahrungen führen können. Fremdheit muss nicht geleugnet werden oder sich in Zuneigung verwandeln. Es gilt diese Empfindungen in Umgangsweisen zu integrieren, die neue und bereichernde Erfahrungen des Miteinanders möglich machen, neue Möglichkeiten der Kommunikation und der Verständigung eröffnen.

Im interreligiösen Bereich heißt das, sich der Fremdheit anderer Religionen bewusst auszusetzen. Es gilt herauszufinden, was Distanz schafft, wo keine Bezüge zum Eigenen wahrnehmbar sind. Solches Eingeständnis kann mithelfen, unbefangener die religiöse Glaubwürdigkeit und Ernsthaftigkeit der Mitglieder anderer Religionen zu spüren. Dann muss auch nicht die eigene Überzeugung versteckt werden, dass die andere Religion wohl kaum zur eigenen werden wird. Wer sich der eigenen religiösen Bindung sicher ist, kann gleichzeitig dem Interesse und der Neugier am anderen Raum geben und das als Bereicherung erleben.

> **Info: Fremdheitskompetenz**
>
> Fremdheitskompetenz beginnt damit, sich bestehende Deutungs- und Handlungsmuster im Umgang mit Fremdem klar zu machen. Oft sind es zwei sehr gegensätzliche: zum einen das Ablehnen und Ausgrenzen des Fremden, zum anderen das integrierende Aufnehmen, dessen Verwandlung in Vertrautes. In beidem geht es um das Verschwinden des Fremden. Es verliert seine Bedeutung.
>
> **Vereinnahmung** geschieht durch Verstehen und nachfolgendes Handeln, welches das Unterschiedliche aufhebt, alles Widersprüchliche unsichtbar zu machen versucht. Religiöse Eigenheiten werden ausgeklammert, es wird nur das sie Übergreifende gesucht: Das islamische Schweinefleischverbot wird zur Grundregel für das ganze Haus; das nicht mit anderen Religionen kompatible Weihnachtsfest wird zum Winterfest. Das verstehende, integrierende Entgegenkommen nimmt dem je anderen sein Eigenes.
>
> **Ausgrenzung** geschieht durch Ausschluss. Wir finden sie in Argumenten wie: »Wer sich bei uns anmeldet, weiß, worauf er sich einlässt (und hat kein Recht, sich mit seinem Eigenen bemerkbar zu machen)«. Oder auch: »Zuerst sollen die Kinder den christlichen Glauben kennenlernen, erst dann sind sie zu Begegnungen mit anderen Religionen bereit.« Das bedeutet dann zunächst nichts anderes als die Ausgrenzung des Anderen.
>
> **Fremdheitskompetenz** bedeutet, beidem sein Recht zuzugestehen und es zugleich zu kontrollieren und zu begrenzen: In jedem Verstehen steckt auch etwas Vereinnahmendes, in jeder Irritation durch Fremdartiges auch etwas Ausgrenzendes. Aber das eine kann das andere in Grenzen halten: Das Irritierende bleibt im annehmenden Verstehen wach, und die Bereitschaft zum Verstehen stellt sich den Impulsen zur Ausgrenzung entgegen.

Solche Erfahrungen sind auch ein wichtiger Hintergrund für den Umgang mit den religiösen Fragen nach Wahrheit. Ein je verschiedener Anspruch auf Wahrheit und Überzeugungskraft, der mit Religion untrennbar verbunden ist, fordert dazu auf, sich ernsthaft auseinanderzusetzen und aktive Toleranz zu erproben.

> **Distanz und Nähe zu Moschee und Synagoge**
> Im Rahmen einer Fortbildung fand nach dem Besuch einer Moschee am folgenden Tag auch der in einer Synagoge statt. Eine christliche Erzieherin meinte dann im Reflexionsgespräch: Ich muss ehrlich zugeben, in der Synagoge fühle ich mich mehr zuhause als in der Moschee.
>
> *Wie würden Sie auf diese Mitteilung reagieren?*
> *Welche weiterführenden Gespräche könnten sich eröffnen?*

1.2.4 Kinder sind Konstrukteure ihrer kulturellen und religiösen Wirklichkeit

Kinder zeigen ihre Fähigkeiten zum aktiven Wahrnehmen und konstruktiven Deuten der sie umgebenden Wirklichkeit auch in ihrem Umgang mit kultureller Vielfalt. Sie verarbeiten das ihnen Begegnende zu immer differenzierteren Weltbildern. Angesichts von sich dabei zeigenden Unverträglichkeiten und Brüchen, Ungereimtheiten und Widersprüchen suchen und finden sie Erklärungen und bringen so selbst kulturelles Lernen voran. Ein unverzichtbarer Schlüssel dazu sind Erlebnisse der Zusammengehörigkeit und Solidarität in der Gruppe. Das schafft Rückhalt und Sicherheit, die das Interesse an noch wenig bekannten kulturellen Welten wecken und bestärken.

> **Wie Kinder wahrnehmen**
> Sebastian kommt nach Hause und erzählt begeistert von seinem neuen Freund, der aus einem anderen Land nach Deutschland und in die Kita gekommen ist. »Welche Hautfarbe hat er denn?«, fragt die Mutter, die schon vorher von dessen afrikanischer Herkunft erfahren hat. Sebastian denkt scharf nach, findet aber keine Antwort. In den folgenden Tagen wird er interessiert auf die andere Hautfarbe seines neuen Freundes achten und Beobachtungen zu dessen Sprache, Spielideen, Essgewohnheiten und manch anderem machen.
>
> *Wie empfinden Sie die Frage der Mutter nach der Hautfarbe?*
> *Behindert oder fördert das Ihrer Meinung nach das interkulturelle Lernen?*

Wo der emotionale Rahmen eines vertrauensvollen Miteinanders in der Gruppe gegeben ist, kann Andersartigkeit als etwas Normales wahrgenommen und in den eigenen Erfahrungsschatz integriert werden. Auf diesen Rahmen gilt es in der interkulturellen Pädagogik das Augenmerk zu richten, um auch Vorurteilen, die an die Kinder herangetragen werden, widerstehen zu können.

Von zentraler Bedeutung sind also Erlebnisse der Zusammengehörigkeit in der Gruppe. Von ihnen ausgehend kann sich Einfühlungsvermögen in die Erscheinungsweisen und Bedürfnisse anderer entwickeln, auch in solche, die sich von eigenen unterscheiden. Andersartigkeit tritt in den Blick, Neugier wird wach. Wichtig ist, dass Kinder auf ihre Fragen Resonanz spüren, die von Offenheit und Unbefangenheit bestimmt ist. Erklärungen zielen darauf, dass das Neue einen guten Platz im Weltbild des Kindes findet und so als etwas Normales und Selbstverständliches erlebt werden kann. Das reicht von der Hautfarbe der anderen bis zu deren Art, Feste zu feiern, von Gesten, welche die Kommunikation begleiten, bis zu verschiedenen Essgewohnheiten. Fremdes, das so seinen Ort in der Vorstellungswelt bekommt, muss nicht Angst machen. Missverständnisse und Konflikte, die aus unterschiedlichen kulturellen Gewohnheiten herrühren, werden zum Lernfeld des bewussten Wahrnehmens anderer in ihrer kulturellen Eigenart. Damit verbinden sich Rückfragen nach eigenen Verhaltensmustern, Gewohnheiten und Prägungen, etwa als Fragen an die eigenen Eltern: »Warum feiern wir unsere Feste anders als die Familien von Erkan, Nadire und anderer türkische Familien?« Neues macht Lust zum Ausprobieren anderer kultureller Verhaltensweisen, zum Überschreiten von Grenzen und Ausloten neuer Möglichkeiten.

Auf solchen Zusammenhalt gilt es auch in interreligiöser Sicht zu achten. Mit dem Gefühl der Zusammengehörigkeit wirken religiöse Besonderheiten nicht trennend oder gar ausgrenzend, sondern wecken Neugierde und erkundende Fragen:
- Warum feiert Roland bei uns in der Kita seinen Geburtstag nicht?
- Warum darf Mohammed nur ein anderes Wiener Würstchen essen?
- Warum darf Yasmine nicht mit in die Kirche gehen?

Religiös begründete Einschränkungen haben für die Kinder keinen anderen Rang und Stellenwert als die kulturellen oder auch körperlich-gesundheitlichen – solange sie nicht zu etwas Besonderem gemacht werden, zu einem zu vermeidenden Übelstand, zu etwas die Gemeinschaft Sprengendem. Krampfhaftes Bemühen, jegliche religiös bedingte Besonderheit zu vermeiden, macht sie erst zum Besonderen, das aus dem Rahmen des Normalen herausfällt. Es gilt deshalb, auch als etwas Normales anzusehen, wenn Eltern die Beteiligung ihrer Kinder an bestimmten religiösen Vollzügen ablehnen.

1.2.5 Interkulturelle und interreligiöse Erziehung und Bildung braucht Elternpartnerschaft

Interkulturelles Lernen in der Kita braucht in besonderer Weise die Zusammenarbeit in der Elternpartnerschaft. Da geht es um wechselseitiges Vertrauen und auch um fantasievolle Ideen, mit denen solches Vertrauen gewonnen werden kann.

> **Fantasievoll Beziehungen zu Müttern knüpfen**
> In einer Einrichtung versuchen die Erzieherinnen mit den Müttern der Migrantenfamilien Kontakt aufzunehmen und laden sie zu Gesprächen ein, wollen ihnen dabei erste Hilfen zur Verständigung in der deutschen Sprache anbieten. Die Kontakte kommen aber nicht zustande, wohl weil die Ehemänner die Beziehungen zur Kita nicht aus der Hand geben möchten.
> Dann ändern die Erzieherinnen ihr Angebot und bieten gemeinsames Nähen und Stricken an. Das wird akzeptiert und auch durchgeführt – und wird ein Tor zu wachsender Verständigung mit den ganzen Familien.

Im **religiösen** Bereich spitzt sich bestehende Unsicherheit der Eltern oft noch zu. Was bedeutet es für sie, ihr Kind mit nicht christlicher Sozialisation im Elternhaus in einen christlichen Kindergarten zu geben, es christlichen Erzieherinnen und Erziehern anzuvertrauen? Interreligiöse Erziehung und Bildung kann ohne begleitende Elternarbeit nicht gelingen. Es geht um sorgfältiges Erkennen der Erwartungen und Befürchtungen der Eltern, was die religiösen Aktivitäten betrifft, und damit um viel Transparenz, auch um einen umsichtigen Umgang mit Spannungen und Konflikten.

> **Gemeinsamer Segensgottesdienst**
> In vielen Einrichtungen in kirchlicher Trägerschaft ist es zu einer guten Tradition geworden, das Ende der Kindergartenzeit mit einem Segensgottesdienst zu feiern, in dem jedes Kind einen ganz persönlichen Segen mit Handauflegung der Pfarrerin bzw. des Pfarrers mit auf den Weg bekommt. Wie aber soll das in der inzwischen multireligiös gewordenen Einrichtung geschehen? Vorschläge werden von den nicht christlichen Eltern zunächst mit Misstrauen aufgenommen. Zu einer von der Kirchengemeinde veranstalteten Segensfeier werden dann diese Eltern zum Kennenlernen eingeladen und als Gäste begrüßt.
> Im Folgejahr klärt sich in gemeinsamen Gesprächen, dass Segen viel mehr verbindet als trennt. Aber dass ihn ein kirchlicher Amtsträger durchführt, weckt noch Unbehagen. Deshalb bieten die Erzieherinnen an, bei den Kindern, deren

nicht religiöse Eltern es wünschen, dass *sie* den in seinem Wortlaut vorher gemeinsam bedachten Segen sprechen und die Hand auflegen, wobei sie auf das Kreuzzeichen sowie auf die trinitarische Formel (im Namen Gottes des Vaters und des Sohnes und des Heiligen Geistes) verzichten. Das Vertrauen ist inzwischen so gewachsen, dass die meisten Eltern gerne zustimmen.

Im nächsten Jahr bieten die Erzieherinnen wieder dasselbe Verfahren an. Mehrheitlich meinen die nicht christlichen Eltern: »An der Pfarrerin soll es nicht liegen, die haben wir inzwischen gut kennenlernen können, die hat unsere Sympathie und unser Vertrauen. Sie hat sehr gut ausgedrückt, dass es für uns alle um den Segen geht, so wie wir ihn von unserer Religion her verstehen.«

Welche Beispiele kennen Sie, in denen mit ausführlichen und kontinuierlichen Elterngesprächen Vertrauen wachsen konnte, mit dem Befürchtungen, Vorbehalte und Ängste vor Vereinnahmung ihre Bedeutung verloren?

1.3 Fragen nach dem Gemeinsamen in der kulturellen bzw. religiösen Vielfalt

Was hält eine Gesellschaft in ihrer kulturellen und religiösen Vielfalt zusammen? Vielfalt kann als bereichernd, aber auch als bedrängend erlebt werden: Im zweiten Fall führt dies zu Abgrenzungen: Die kulturell und religiös Gleichgesinnten ziehen sich in ihr eigenes Miteinander zurück und pflegen ihre tradierten Sonderwelten, die dann eher unverbunden nebeneinander bestehen und Begegnungen zwischen den kulturell-religiösen Bereichen erschweren.

1.3.1 Gemeinsamkeit suchen und pflegen

Mit zu den beglückendsten Erlebnissen in interkulturellen Engagements gehören gelungene Feste, auf denen Menschen unterschiedlicher kultureller und religiöser Herkunft miteinander ins Gespräch kommen, miteinander gemäß ihren Traditionen essen und trinken und Erfahrungen austauschen. Gerade die Verschiedenheit der Biografien weckt Interesse an solchem Erfahrungsaustausch. Immer wieder geht es um dieselben Dinge: um das Bewältigen von Herausforderungen und um das, was dabei geholfen hat, um das Leben in seinen Beziehungen, um Erwartungen an die Zukunft, um Hoffen auf Glück und Lebenserfüllung – kurz: um alles, was menschliches Leben ausmacht. Was schenkt und fordert es, was gelingt und was misslingt, was weckt Befürchtungen und Hoffnungen? Sind die ersten Kontakte geknüpft, kann sich solches Gemeinsame in der interessanten Vielfalt der jeweiligen Lebensgeschichten entfalten. Gerade die Kita ist ein wichtiger Ort, an dem solche Gemeinsamkeiten entdeckt und gefördert werden können.

Im Miteinander zeigt sich auch viel Gemeinsames in den Maßstäben für das Zusammenleben, die den Eltern für sich selbst und für ihre Kinder wichtig sind. Auf wissenschaftlicher Basis hat der Theologe Hans Küng in seinem Projekt *Weltethos* ein alle Weltreligionen leitendes ethisches Grundverständnis erarbeitet und dessen Beachtung vorangetrieben.

> **Info: Weltethos-Projekt**
> In der Erklärung zum Weltethos wird von vier unverrückbaren Weisungen gesprochen, der Verpflichtung auf eine Kultur der Gewaltlosigkeit und der Ehrfurcht vor allem Leben, auf eine Kultur der Solidarität und gerechten Wirtschaftsordnung, auf eine Kultur der Toleranz und ein Leben in Wahrhaftigkeit, auf eine Kultur der Gleichberechtigung und der Partnerschaft von Mann und Frau. Dies zeigt, dass auch in der kulturellen und religiösen Pluralität Verständigung möglich ist, dass es zwischen unterschiedlichen Lebens- und Sinnwelten tragfähige Brücken und Verbindungen gibt.

Auch in religiöser Hinsicht gilt es solche Gemeinsamkeiten zu entdecken und zu pflegen. Die Religionsgeschichte war weithin durch Abgrenzungen der Religionen voneinander bestimmt. Umso wichtiger ist es, nach dem Gemeinsamen Ausschau zu halten, ihm die gebührende Beachtung zu geben. Das beginnt bei dem, was zum Wesen von Religion dazugehört und sich deshalb in allen praktizierten Religionen findet.

> **Info: Dimensionen von Religion**
> Der Soziologe Charles Glock hat fünf Dimensionen der Religion beschrieben, die sich in allen überlieferten Religionen finden und gute Ansatzpunkte für die Suche nach Gemeinsamem in den Religionen sind:
> - Die erlebnismäßige Dimension religiöser Erfahrung: Es geht um das persönliche Erleben des Verbundenseins mit einem göttlichen Gegenüber, das von Erfahrungen der Harmonie und Geborgenheit bis zu mystischer Verzückung reichen kann.
> - Die ideologische Dimension religiösen Erschließens: Es geht um Glaubensaussagen über das Göttliche und darum, was sich daraus für das

Verständnis der Welt und der eigenen Existenz in ihr ergibt. Was heißt es, die Welt und das Leben »im Licht des Glaubens« zu sehen?
- Die ritualistische Dimension: Es geht um die Verhaltensweisen, in denen Religion praktiziert wird, von Gebeten und Gottesdiensten zu Festen und Brauchtum, von der Symbolik und den Ritualen des Jahreskreises zu denen des Lebenszyklus von der Geburt bis zum Tod.
- Die intellektuelle Dimension der religiösen Rekonstruktion: Aus welchen Heiligen Schriften werden die Lehren der Religion entwickelt? Mit welchen leitenden Begriffen werden diese Lehren entfaltet? Wie werden sie begründet?
- Die Dimension der Glaubenskonsequenzen: Welche Normen und Werte ergeben sich aus den Grundsätzen der Religion? Was bedeutet das für die Verantwortung der persönlichen Lebensführung wie für die Mitverantwortung des Zusammenlebens in der Gesellschaft?

Welche Verwandtschaften nehmen sie aus Ihrer Kenntnis verschiedener Religionen (z. B. Christentum und Islam) wahr?
Welche sind besonders für Kinder anschaulich?
Wo könnte darauf hingewiesen werden, dass es in den verschiedenen, von den Kindern mit ihren Familien repräsentierten Religionen Vergleichbares gibt?

Gemeinsames zeigt sich besonders bei den Ursprüngen der drei monotheistischen Weltreligionen (Judentum, Christentum und Islam). Gerade angesichts der Verwandtschaft in der sogenannten »abrahamitischen Ökumene« hat sich allerdings auch das Bedürfnis nach deutlichen Abgrenzungen voneinander entwickelt. Sie lassen sich gleichsam als die Rückseite des Gemeinsamen verstehen: Das Eigene zu betonen wird umso herausfordernder, je größer die Nähe zum Anderen ist.

Info: Gemeinsamkeiten in Christentum und Islam
Glaube an den einen Gott: Gott als das für uns Menschen unergründliche Geheimnis
Barmherzigkeit Gottes: Gott als verzeihender, gütiger Gott
Gestalten der Bibel: Viele Gestalten von Adam bis Jesus erscheinen auch im Koran als »Propheten«
Glaube an ein Leben nach dem Tod: Um Auferweckung, Gericht und ewiges Leben kreisen die Überlieferungen in beiden Religionen

Persönliches Gebet: Neben dem rituellen Gebet kennt der Islam auch das persönliche Gebet
Gebot der Nächstenliebe: Es zeigt sich auch in den religiösen Festen beider Religionen, die mit Impulsen zu Spenden für Notleidende verbunden sind
Fasten: Das vierwöchige Fasten der Muslims im Monat Ramadan korrespondiert mit Fastentraditionen der christlichen Überlieferung
Vielfalt der Strömungen: In beiden Religionen haben sich unterschiedliche Konfessionen entwickelt.

Welche konkreten Beispiele solcher Gemeinsamkeit sind Ihnen schon begegnet?
Welche sind für das Miteinander in der Kita wichtig?
In welchen Bereichen würden Sie gern Ausschau nach weiteren Gemeinsamkeiten halten?

1.3.2 Willkommenskultur – Vertrauen – Akzeptanz – Lebenssicherheit

Manche Erzieherinnen berichten, dass in letzter Zeit mit muslimischen Familien schwieriger zurechtzukommen sei als früher. Sie ziehen sich von westlichen Traditionen viel stärker als früher zurück, bestehen energischer auf Einhaltung der Speisevorschriften, achten in ihrer Kleidung mehr auf islamische Identität. Was mögen die Gründe dafür sein? Einer ist sicherlich, dass der verständnisvolle Umgang mit unserer kulturellen und religiösen Vielfalt von beiden Seiten aus offensichtlich zu wenig gelingt und deshalb die Sehnsucht nach dem Überschaubaren, Vertrauten hervortritt. Vielfalt als Chance zu nutzen heißt deshalb auch, nach dem Verbindenden in dieser Vielfalt Ausschau zu halten und es in die interkulturelle und -religiöse Pädagogik mit einzubeziehen.

Zur Suche nach Gemeinsamem und Orientierung an ihm sind Familien mit und ohne Migrationserfahrungen aufgerufen. Oft ist das Verständnis der einheimischen Eltern für andere kulturelle Traditionen immer noch sehr begrenzt: »Die sollen sich anpassen, wenn sie zu uns kommen!«, heißt es oder: »Sie verlangen von uns Verständnis für ihre Eigenart, die in ihren Heimatländern gegenüber westlichen Verhaltensweisen so nicht gilt.« Religiöse Toleranz muss sicherlich auf Gegenseitigkeit beruhen. Die Frage muss aber doch lauten: Was ist in unserem Land mit seinen kulturellen, religiösen und Rechtstraditionen der für alle hier Wohnenden der verbindliche Rahmen, der das Miteinander regelt? Was ist die gemeinsame Basis des interkulturellen und -religiösen Umgangs in unserer Gesellschaft mit ihren ethischen Standards, ihren politischen und rechtlichen Strukturen?

Eine plurale Gesellschaft braucht neben der Vielfalt im gesellschaftlichen Miteinander auch Verbindendes, welches das Vielfältige zusammenhält, um so auch Vertrauen stiften zu können. Das ist im Blick auf die *inneren* Gefühle, Empfindungen und die persönliche Identität die Gewissheit der Zugehörigkeit, im Blick auf die *äußere* Einbindung eine verlässlich strukturierende Rechtsordnung.

Menschen, die nach oft gravierenden Umbrüchen in ihrer Biografie und kulturellen Zugehörigkeit in unserer Gesellschaft angekommen sind, brauchen Zeichen und Perspektiven, hier auch sicher leben zu können. Sie brauchen Vertrauen stiftende Signale der Anerkennung, die es ihnen lohnend erscheinen lassen, sich in den neuen kulturellen Lebensbedingungen einzurichten und Heimatgefühle zu entwickeln.

Das gilt auch in religiöser Hinsicht: Der Satz des früheren Bundespräsidenten Wulff »Der Islam gehört zu Deutschland« hat heftige Diskussionen ausgelöst. Viele betonten die Unvereinbarkeit von christlichen und islamischen Einflüssen auf das gesellschaftliche Leben, von christlichen und islamischen Wertvorstellungen im Blick auf ein gelingendes Miteinander. Wird den Hinzugekommenen nicht zugetraut, ihre kulturelle und religiöse Verschiedenheit in das Gefüge der mit den Grundrechten des Grundgesetzes etablierten Wertvorstellungen einzubringen und ihnen deshalb von vornherein Heimatrecht verweigert?

Wie solche Zugehörigkeit zu unserer Gesellschaft aussehen kann, zeigen viele Kitas mit einer überzeugenden **Willkommenskultur.**

Den Verantwortlichen ist bewusst, was es gerade in kulturellen Umbrüchen für Eltern bedeutet, ihr Kind aus dem vertrauten Familienverband herauszulösen und der öffentlichen Bildungseinrichtung eines kommunalen oder kirchlichen Trägers zu übergeben. Eltern und Kinder spüren, dass in den Entscheidungen und Aktivitäten in der Kita ihre spezifischen Bedürfnisse und Herausforderungen mitbedacht werden, dass sie mit ihren Biografien in der Einrichtung vorkommen. Immer wieder wird geprüft und vergewissert: Können die hinzugekommen Familien das Angenommensein spüren, das Interesse an ihrem Leben und besonders das Achten darauf, was der Übergang des Kindes von zuhause in die Kita den Beteiligten abverlangt?

Willkommen!

Καλώς ήρθατε   Hoş geldiniz

Добро пожаловать

أهلاً و سهلاً   ยินดีต้อนรับ

Abbildung 4: Herzlich Willkommen

In den Schuhen der Anderen gehen
Die Erzieherinnen versuchen immer wieder, »in den Schuhen der Betroffenen zu gehen«. Sie tauschen Erinnerungen aus, wie sie sich selbst beim Betreten von Neuland gefühlt haben und was ihnen den Zugang zum Neuen erleichtert hat.

Sie vollziehen in ihren Gesprächen immer wieder den Perspektivenwechsel von ihrem Interesse am möglichst störungsarmen und gelingenden gemeinsamen Leben und Lernen hin zu dem, was Eltern verunsichern und bedrängen könnte.

Sie zeigen Verständnis für Fremdheitsgefühle, machen sich auch ihre eigenen bewusst.

Sie bedenken wirkungsvolle Zeichen des Willkommens: mit Informationen in verschiedenen Sprachen und mit informativen Symbolen; mit Symbolen, die auf die kulturelle und religiöse Verwurzelung der Familien verweisen, mit Interesse an dem, was die Kinder aus ihren Familientraditionen mitbringen.

Sie sorgen für Transparenz in ihrem pädagogischen Handeln und achten darauf besonders im Blick auf die religiösen Bezüge.

Sie überlegen und entwickeln Ideen, wo und wie sie die Eltern mit ihren kulturellen und religiösen Erfahrungen in das Geschehen in der Kita einbeziehen können.

1.3.3 Verbindliche Gemeinsamkeiten von allen Beteiligten einfordern

In der gesellschaftlichen Vielfalt ist die Befürchtung, es könnten sog. Parallelkulturen entstehen, durchaus ernst zu nehmen. Da fällt dann die Rede von der »christlichen Leitkultur« rasch auf fruchtbaren Boden und wird je nach eigenen Wünschen auf alle Formen des Miteinanders bis hin zu Essgewohnheiten, Kleidung und häuslicher Erziehung ausgedehnt. Bei der Festlegung der notwendigen Gemeinsamkeiten im öffentlichen Miteinander sind klare Grenzen nötig, und die sind mit den rechtlichen Grundlagen als Basis der westlichen Wertetradition gegeben. Die Grundrechte, so wie sie im Grundgesetz der Bundesrepublik Deutschland formuliert sind, gewährleisten den Schutz und die Freiheit der individuellen Persönlichkeit, denen alle weiteren gesetzgeberischen Maßnahmen verpflichtet sind.

Info: Grundrechte (Grundgesetz der Bundesrepublik Deutschland)

Artikel 1
(1) Die Würde des Menschen ist unantastbar. Sie zu achten und zu schützen ist Verpflichtung aller staatlichen Gewalt.
(2) Das Deutsche Volk bekennt sich darum zu unverletzlichen und unveräußerlichen Menschenrechten als Grundlage jeder menschlichen Gemeinschaft, des Friedens und der Gerechtigkeit in der Welt.
(3) Die nachfolgenden Grundrechte binden Gesetzgebung, vollziehende Gewalt und Rechtsprechung als unmittelbar geltendes Recht.

Artikel 2
(1) Jeder hat das Recht auf die freie Entfaltung seiner Persönlichkeit, soweit er nicht die Rechte anderer verletzt und nicht gegen die verfassungsmäßige Ordnung oder das Sittengesetz verstößt.
(2) Jeder hat das Recht auf Leben und körperliche Unversehrtheit. Die Freiheit der Person ist unverletzlich. In diese Rechte darf nur auf Grund eines Gesetzes eingegriffen werden.

Artikel 3
(1) Alle Menschen sind vor dem Gesetz gleich.
(2) Männer und Frauen sind gleichberechtigt. Der Staat fördert die tatsächliche Durchsetzung der Gleichberechtigung von Frauen und Männern und wirkt auf die Beseitigung bestehender Nachteile hin.
(3) Niemand darf wegen seines Geschlechtes, seiner Abstammung, sei-

ner Rasse, seiner Sprache, seiner Heimat und Herkunft, seines Glaubens, seiner religiösen oder politischen Anschauungen benachteiligt oder bevorzugt werden. Niemand darf wegen seiner Behinderung benachteiligt werden.

Artikel 4
(1) Die Freiheit des Glaubens, des Gewissens und die Freiheit des religiösen und weltanschaulichen Bekenntnisses sind unverletzlich.
(2) Die ungestörte Religionsausübung wird gewährleistet.

Da können sich durchaus Spannungen ergeben, wenn – im eingangs beschriebenen verwobenen Feld von Kultur und Religion – Grundrechte in Widerspruch zueinander geraten, wenn z. B. das Recht auf freie, auch religionskritische Meinungsäußerung den Schutz der Religionsausübung tangiert oder umgekehrt religiöse Äußerungen zur Missachtung der verfassungsmäßigen Ordnung führen, wenn das religiös geforderte Schächten der Tiere mit dem Tierschutz in Spannung gerät, die Beschneidung der Jungen als religiös gebotener Ritus mit dem Recht auf körperliche Unversehrtheit.

Solche möglichen Spannungen spielen bis in den Kindergarten hinein.

Ali räumt nicht auf
Ali weigert sich aufzuräumen. Das ist Sache der Mädchen, sagt er. So ist es bei uns zuhause. Die Erzieherinnen widersprechen dem heftig und suchen den Kontakt mit den Eltern. Die Mutter bestätigt, dass sich zu Hause vor allem die Großeltern um Ali kümmern und dass es die für sie übliche Praxis ist, den Sohn als »Kronprinz« zu behandeln. Da könne sie nichts machen.

Da führt wohl nichts daran vorbei, dass sich Ali an unterschiedliche Regeln zu Hause und in der Kita halten muss. Aber überfordert ihn das nicht?

Doch das Grundgesetz und ihm entsprechende Bildungsziele schreiben die Gleichberechtigung von Mann und Frau vor.

Kennen Sie entsprechende Situationen?
Wie haben Sie entschieden?

Für **religiöse Bezüge** ist der Zusammenhang von positiver und negativer Religionsfreiheit wegweisend: »Die ungestörte Religionsausübung wird gewährleistet« (positive Religionsfreiheit) und »die Freiheit des Glaubens ist unverletzlich« (negative Religionsfreiheit).

> **Info: Negative und positive Religionsfreiheit**
> Die **negative Religionsfreiheit** schützt die eigene religiöse Überzeugung vor Nötigung durch andere zu einem bestimmten Glaubensverhalten. Das erfordert eine religiöse Erziehung und Bildung, die nicht auf bloße Übernahme einer bestimmten religiösen Einstellung zielt, sondern auf die selbstständige religiöse Entscheidung, die es nach und nach zu fördern gilt, damit sie mit der uneingeschränkten Religionsmündigkeit (meist ab 14) auch wirksam sein kann. Dieses Verhalten ist den Eltern gegenüber geboten und fördert für sie Transparenz in allen religiösen Aktivitäten.
>
> Die **positive Religionsfreiheit** betrifft auch die Präsenz der Religionen und Weltanschauungen im öffentlichen Raum. Sie bringen ihre Traditionen und die Fragen der religiösen Bindungen ein. Sie nehmen mit ihnen zu gesellschaftlichen Herausforderungen Stellung – auch in Bildungsfragen – und tun das, was dem weltanschaulich neutralen Staat nicht zusteht. Dieses Gespräch darf nicht auf den privaten Bereich reduziert werden, weil Gewissensbindung mit religiösen Wurzeln immer auch das Zusammenleben aller Menschen und die Verantwortung für alles Leben einschließt. Deshalb äußern sich Kirchen auch zu ethischen Themen und engagieren sich im Bildungswesen mit kirchlichen Trägerschaften. Dabei ist es ihre Aufgabe, den Zusammenhang von Glaubensbindung und gesellschaftlicher Verantwortung samt den Bildungsaufgaben zu verdeutlichen.
>
> Beides gilt es in Balance zu halten, bei unlösbar erscheinenden Konflikten müssen letztlich Gerichte entscheiden. So klagten vor Jahren Eltern gegen das in einer kommunalen Einrichtung praktizierte Tischgebet. Die gerichtliche Klärung bezog sich auf die Frage, ob Kinder dazu vereinnahmend genötigt wurden oder ob ihre Entscheidungsfreiheit bezüglich der Teilnahme akzeptiert und gefördert wurde. Die Aufgabe der Religionsgemeinschaften, religiöse Bindungen auch im Feld des Bildungsgeschehens zu zeigen, muss Eltern und Kindern gegenüber so transparent sein, dass sie in ihrer eigenen religiösen Einstellung nicht bedrängt werden, sondern Achtung und Wertschätzung erfahren. Diese Herausforderung wird auch die weiteren Überlegungen zur interreligiösen Praxis in der Kita begleiten.

Mit beiden Aspekten der Religionsfreiheit bekommt das religiöse Miteinander in der Kita einen Rahmen, den es mit einer konzeptionell gut durchdachten religiösen Erziehung und Bildung auszufüllen gilt.

Auf der einen Seite gehört religiöse Praxis, d. h. das Leben in Einklang mit einer religiösen Bindung und Verpflichtung zum öffentlichen Bildungsgeschehen dazu. Das schließt alles ein, worin sich Religion zeigt und verwirklicht – auch kirchliche Trägerschaften samt dem religiösen Profil, mit dem sie sich ins öffentliche Bildungsgeschehen einbringen.

Auf der anderen Seite darf niemand in seinen religiösen Empfindungen verletzt, in seiner religiösen Haltung und seinen Entscheidungen zu etwas genötigt werden, das ihm widerspricht. Das fordert einen Umgang mit Religiösem, der unterschiedliche Überzeugungen achtet, religiöse Entscheidungsfreiheit sichert. Im Blick auf die Kinder betrifft das in erster Linie das Elternrecht, mit dem Eltern stellvertretend für ihre Kinder deren Religionsfreiheit wahrnehmen.

In der Kita gilt es diesem Verfassungsgrundsatz in einer äußeren und einer inneren Sicht gerecht zu werden. Die **äußere Sicht** betrifft die Wahlfreiheit der Eltern, ihr Kind je nach dem ihnen zusagenden religiösen Profil der Einrichtung anzumelden. Der Gesetzgeber fördert unterschiedliche Profile, um die Bildungslandschaft zu bereichern. Zuweilen erhalten aus diesem Grund private Einrichtungen gegenüber staatlichen bzw. kommunalen den Vorrang. Allerdings ist solche Wahlfreiheit eingeschränkt, wenn die Kita die einzige in gut erreichbarer Nähe ist.

Umfragen zeigen, dass Eltern die Kita in erster Linie wegen ihrer Nähe zur Wohnung auswählen. Ist das Ihrer Meinung nach bei kirchlicher Trägerschaft als Einschränkung der negativen Religionsfreiheit zu werten?

Die **innere Sicht** betrifft eine religiöse Erziehung und Bildung, die beide Pole der Religionsfreiheit in eine gut ausgewogene Balance bringt.

Fragen zur Sicherung der Religionsfreiheit in der Kita
- *Erleben die Kinder Religiosität als »ungestörte Religionsausübung« in der Ganzheitlichkeit ihres Erscheinungsbilds, in all ihren Dimensionen?*
  Religiöse Bildung wird nicht auf bloße Wissensvermittlung reduziert, sondern schließt das Miterleben religiöser Vollzüge in Ritualen, Gebete, Geschichten, Feiern u. a. ein.
- *Geschieht Begegnung mit Religiösem in einer Weise, welche die Vielfalt der religiös Verschiedenen einbezieht, ihre religiösen Überzeugungen und Traditionen in den Blick nimmt, ihnen mit Respekt und Wertschätzung begegnet?*
  Eltern und Kinder werden eingeladen, Beispiele ihrer praktizierten Religiosität in der Kita auch anderen Kindern und Eltern vorzustellen.
- *Berücksichtigt solche religiöse Erziehung und Bildung Bedenken der Eltern hinsichtlich einseitiger Beeinflussung bzw. Missachtung ihrer religiösen Verpflichtungen?*

In Elterngesprächen werden Befürchtungen der Eltern vor religiöser Beeinflussung angesprochen. Die religionspädagogischen Aktivitäten werden allen Eltern transparent gemacht.
- *Fördert solche religiöse Erziehung und Bildung die Fähigkeit der Kinder zu eigenen Entscheidungen über Teilnahme und Nichtteilnahme an religiösen Vollzügen?*
  Kinder werden in ihren Entscheidungen, sich an religiösen Aktivitäten in der Kita zu beteiligen oder nicht, gefördert. Sie lernen unterschiedliche Möglichkeiten kennen, ihre Entscheidungen zu zeigen.
- *Macht solche religiöse Erziehung und Bildung das Gemeinsame und Verbindende in religiösen Überzeugungen und Traditionen deutlich?*
  Gemeinsamkeiten, z. B. zu ethischen Verhaltensorientierungen in Bibel und Koran, werden bewusst thematisiert.
- *Weckt sie zugleich das respektierende Wahrnehmen religiöser Vielfalt in der gesellschaftlichen Öffentlichkeit?*
  In Gesprächsrunden mit den Kindern werden ihre Beobachtungen zur religiösen Pluralität in ihrem Erfahrungsfeld aufgenommen und im Sinne respektierend-wertschätzender Beachtung bedacht.

Im Spannungsfeld positiver und negativer Religionsfreiheit zeigen sich auch unterschiedliche Profile von Einrichtungen in kirchlicher und nicht kirchlicher Trägerschaft. Da kann es nicht um pauschale Zuordnung gehen, etwa in dem Sinn, dass positive Religionsfreiheit den kirchlichen und negative Religionsfreiheit den nicht kirchlichen Trägern zugewiesen wird. Auch ein quantitatives Aufteilen religiöser Inhalte gemäß der Anzahl der bestimmten Religionen zugehörigen Kindern und Familien wird dem nicht gerecht, sondern es geht in jedem Fall um eine achtsame Erschließung des Zusammenhangs von praktizierter authentischer Religiosität und gleichzeitiger Achtung der religiösen Bindungen anderer. Im Blick auf unterschiedliche weltanschauliche Profile ist sorgfältige Akzentsetzung wichtig.

1.3.4 Verpflichtende Gemeinsamkeiten in Bildungsrichtlinien für Kindertageseinrichtungen

Den Zusammenhalt des Verschiedenen fördert auch ein verpflichtendes Verständnis von öffentlicher Erziehung und Bildung, das in seinen Bildungszielen die mit den Grundrechten gesetzten Wegmarken aufnimmt und umsetzt. Dabei geht es
- um die freie **Entfaltung der Persönlichkeit** mit all ihren Fähigkeiten und Kompetenzen,
- um die Fähigkeit, das **Miteinander** in seiner Vielfalt, Unterschiedlichkeit

und auch seinen Konflikten aktiv mitzugestalten, in den engen zwischenmenschlichen Beziehungen, in den Gruppenkonstellationen, auch in der Verantwortung für die Gestaltung einer demokratischen Gesellschaft in all ihren Herausforderungen,
- um den Erwerb von **Wissen und Können,** um die Möglichkeiten, sich nötiges Orientierungswissen anzueignen, um mitdenken und mitreden zu können, eigene Positionen in den vielfältigen Erscheinungsformen unserer Wirklichkeit gewinnen zu können, sich einen angemessenen Spielraum beruflicher Optionen zu eröffnen,
- um **Ideenreichtum und Kreativität,** um für Neues offen zu sein, sich nicht mit Vorgegebenem zufriedengeben zu müssen, sondern mit eigenen Ideen Gestaltungsfähigkeit zu zeigen.

Orientierungsplan Baden-Württemberg
Zum Bildungs- und Entwicklungsfeld »Sinn, Werte, Religion« werden folgende Aspekte benannt:
- Anerkennung erfahren, sich wohl fühlen (Gesundheit/Geborgenheit/Selbstwirksamkeit)
- Die Welt entdecken und verstehen (das Ich/Natur/soziales Gefüge)
- Sich ausdrücken können (nonverbal/verbal/kreativ)
- Mit anderen leben (Regeln/Rituale/Traditionen)

Was lässt sich aus solchen Bildungszielen für die Aufgaben der interkulturellen und interreligiösen Bildung ableiten? Dem gehen wir in der folgenden Übersicht nach. In ihr wird erkennbar, wie die Zielsetzungen, die für die öffentliche Bildung im Elementarbereich verpflichtend sind, Konsequenzen für die interkulturelle und -religiöse Erziehung und Bildung haben.

1.3.4.1 Förderung der Eigenständigkeit des Kindes

In der aktuellen Diskussion wird betont, wie sehr verlässliche Vertrauenserfahrungen die Grundlage für die Entwicklung der eigenen Persönlichkeit sind. Mit dem Gefühl, sicher leben zu können und in sicheren Bindungen gut aufgehoben zu sein, wird es dem Kind möglich, den forschenden, erkundenden Blick auf die Außenwelt zu richten, sich im »Explorationsmodus« zu bewegen. Ähnlich benennt die Resilienztheorie so genannte Schutzfaktoren als Basis für die zu erwerbende Fähigkeit, sich in Belastungen behaupten und bewähren zu können. Sichere Bindung zeigt sich in Herausforderungen: Ist sie so stark, dass sie zeitweilig entbehrt werden kann? Ist das Vertrauen so gefestigt, dass Belastendes ertragen wird? Resilienz wächst, indem sich die sog. Schutzfaktoren in Risikosituationen bewähren. Nur mit dem Einwirken von Risikofaktoren können sie zu Resilienzfaktoren werden.

Migration bringt oft radikale Veränderungen der Lebensweisen mit sich, erfordert Umorientierung von tradierten Verhaltensweisen. Je höher das Selbstwertniveau eines Menschen ist, desto besser gelingt es, sich auf neue Sicht- und Verhaltensweisen einzustellen.[1] Gerade Kinder aus Familien mit Migrationserfahrungen brauchen also wirksame Schutzfaktoren, damit die risikoreichen Herausforderungen der zu bewältigenden Veränderungen zu einer Bereicherung des Selbstkonzepts führen können. Deshalb ist für diese Kinder besondere Achtsamkeit wichtig bei ihrem Übergang von der Familiensituation, in der sie sich in Belastungen getragen wussten, in die neue und so ganz andere Situation der öffentlichen Kita mit dem für sie Fremden und Ungewohnten. Können sie erleben, in dieser neuen Situation mit all dem Verunsichernden vorbehaltlos angenommen, in ihrer Eigenständigkeit und Besonderheit geachtet zu sein?

> **Eingewöhnung achtsam begleiten**
> Im Anmeldegespräch zur Krippe spürt die Leiterin, dass es den Eltern nicht leicht fällt, ihr Kind der öffentlichen Einrichtung anzuvertrauen. Sie überlegen miteinander sehr genau, welche Gegenstände wie z. B. Kuscheltiere u. a. den täglichen Übergang von der Familie in die Kita begleiten können. Dabei nehmen sie sich auch Zeit für zentrale Schlüsselwörter in der Sprache der Familie: den Namen des Kindes, tröstende, beruhigende, aufmunternde Worte samt begleitenden Gesten. Sie üben die richtige Aussprache, damit auch diese wiedererkennbaren Worte eine gute Brücke zwischen Familie und Kita sind.

Interreligiös bedeutet dies: Spüren die Eltern und Kinder bei den Erziehenden eine Haltung, die ihrer eigenen religiösen Familientradition, der ihrer Eltern und Großeltern, mit Wertschätzung begegnet? Finden sie Interesse an dem, was sie mitbringen? Erlebt die Gruppe ihre religiöse Besonderheit als Bereicherndes für die Gemeinschaft? Bekommen sie darin besondere Aufmerksamkeit?

Ein Armutszeugnis ist es, wenn sowohl in konfessionellen als auch in nicht konfessionellen Einrichtungen die Lebensrealität der muslimischen Kinder überhaupt nicht aufgegriffen wird. Religiöse Feste, Zeremonien, Gotteshäuser u. a., welche einen integrierenden Bestandteil des Alltags muslimischer Kinder darstellen, werden von den Erzieherinnen kaum in den Gruppen

---

1 Renate Militzer u.a.: Der Vielfalt Raum geben. Interkulturelle Erziehung in Tageseinrichtungen für Kinder. Votum Verlag Münster 2002, S. 79 ff.

thematisiert. Welche Signalwirkung diese Ignoranz für die muslimischen Kinder hat, liegt auf der Hand: Deine Religion und somit ein wesentlicher Teil deiner Identität hat hier nichts zu suchen …

Da Religion Deutungsmuster anbietet und auf die tiefsten Bedürfnisse der Menschen Antworten liefert, müssen auch die Kindertagesstätten diese Deutungsmuster aufgreifen, ansonsten bleiben sie immer fremde Orte für muslimische Kinder und natürlich auch für deren Eltern.[2]

Aufmerksamkeit für Familienfeste
Nach dem Wochenende kommen Fatima und Gülcan mit Händen, die noch mit Henna-Rot gefärbt sind, in die Kita. Der erste Reflex der Erzieherin ist, die Mädchen zum Händewaschen aufzufordern. Aber dann fällt ihr ein, dass die beiden von einem bevorstehenden Fest erzählt hatten. Das wird nun das Thema für den Morgenkreis, in dem die beiden stolz berichten, was da am Wochenende zu Hause gefeiert wurde. Am nächsten Tag berichten die Mütter, sehr erfreut, welche Beachtung das Fest in der Kita gefunden hat, bringen Fotos mit, die sie gleich ausgedruckt haben, lassen sich von den Kindern befragen und verteilen auch noch Süßigkeiten vom Fest.

1.3.4.2 Verantwortlichkeit und Miteinander

Gegenwärtig wird in unserer Gesellschaft oft ein Werteverlust beklagt. Er zeigt sich als Defizit an Empathie, an Einfühlung in die Bedürfnisse anderer, umgekehrt als Egoismus, rücksichtslose Durchsetzung eigener Interessen, als Unfähigkeit zu kooperativem, verantwortlichem Miteinander. Dagegen wird dann oft die Wiederbelebung von Autorität beschworen, mit klarem Einfordern des gewünschten Verhaltens, mit der Abkehr von der sogenannten Aushandlungsmoral, mit dem Setzen klarer Grenzen in der damit verbundenen Verbindlichkeit und Strenge.

Die pädagogische Herausforderung aber besteht darin, die Selbstverantwortlichkeit der Kinder zu stärken. Mit dem Anknüpfen an die bestehende Empathiefähigkeit der Kinder gilt es das Verantwortungsbewusstsein zu fördern und nicht mit bloßen Forderungen von außen ihm entgegenzuwirken. Das schließt durchaus erzieherische Autorität ein, die dem, was gemeinsam als wichtig und schützenswert erkannt wurde, Nachdruck verleiht und notwendige Grenzen zieht, innerhalb derer sich Verantwortungsbereitschaft entfalten kann. Dazu gehört auch, an Fehlern und Konflikten zu lernen.

Kulturelle Verschiedenheit in den Gruppen bietet so manchen Konflikt-

---

[2] Rauf Ceylan: Kommentar aus muslimischer Perspektive, in: Interreligiöse und interkulturelle Bildung im Kindesalter, Bd. 3, S. 73.

stoff – seien es sprachliche Verständigungshürden oder unterschiedliche Essgewohnheiten und -regeln. Die bestehen sonst natürlich auch, können sich aber in Situationen verstärken, in denen kulturelle Verschiedenheit der Auslöser ist. Da heißt es gute Regeln zu finden, die allen Bedürfnissen gerecht werden und das Bestärken der eigenen Verantwortlichkeit der Kinder im Blick haben. Das gilt auch im Blick auf Elternerwartungen.

Wie nahe dürfen sich Aischa und Thomas kommen?

Aischas Mutter kommt ganz aufgeregt zur Gruppenleiterin und beklagt sich. Ihre Tochter war zusammen mit Thomas in der Kuschelecke, und der Junge habe sie sexuell belästigt, sie sogar aufgefordert, ihr Höschen auszuziehen. Überhaupt habe sie schon mitbekommen, dass die Kleinen im aufgebauten Planschbecken nackt herumspringen. All das sei jedoch gegen jeden Anstand und widerspreche ihrer religiösen Überzeugung. Die Erzieherin hört aufmerksam zu und spürt, wie tief bei dieser Frau die Bekleidungsregeln verankert sind, das Vermeiden von jeglichen Übergriffen samt den Anreizen dazu. Sie registriert, wie das bei ihrem Gegenüber auch religiös verortet ist und schon die Erziehung der Kleinen mitbestimmt.

Aber sie wehrt sich gegen die Aufforderung der Mutter, all das zu unterbinden. Das passt überhaupt nicht zu ihren pädagogischen Zielen einer Erziehung zur Eigenverantwortlichkeit auch in einem natürlichen Umgang mit dem eigenen Körper. Und so versucht sie behutsam erklärend, aber auch nachdrücklich begründend, einen Weg der Verständigung zu gehen.

Wie können die Kinder darin unterstützt werden, das, was ihnen von ihrem Elternhaus mitgegeben ist, auch selbst zu vertreten, selbst und nachdrücklich zu entscheiden, deutlich zuzustimmen oder abzulehnen, Verantwortung für sich selbst zu übernehmen? Die Erzieherin erklärt sich bereit, das Thema solcher Verantwortlichkeit für den eigenen Körper an vielerlei Beispielen mit den Kindern zu bedenken, vom Zähneputzen bis zum Abwägen von Risiken und Gefahren und über Nähe und Distanz zu anderen, auch vom Mut, Distanz einzufordern, zu große Nähe abzulehnen und deutlich »Nein« zu sagen.

Zum Schluss sind beide Frauen überzeugt davon, trotz unterschiedlicher Einstellungen zum konkreten Problem doch in gleicher Richtung das Kind unterstützen zu können.

Was meinen Sie zu diesem Vorgehen?

Religiös begründete Verhaltensregeln können zu interreligiösem Lernen anregen.

Schweinefleischregeln als Lernfeld
Seit Längerem wird um der muslimischen Kinder willen in der Einrichtung auf Schweinefleisch verzichtet. Einige Eltern fordern nun, auch alle gelatinehaltigen Speisen auszuschließen, weil auch sie zumindest Spuren von Schweinefleisch enthalten, und das sei schließlich nach den Weisungen des Koran ausdrücklich verboten.

Die Erzieherinnen beraten im Team: Der geforderte vollständige Verzicht wäre schon konsequent, aber kaum durchführbar. Dann müssten ja auch alle heiß geliebten Gummibärchen usw. verschwinden. Eine Erzieherin stößt sich an dem fordernden Unterton der muslimischen Eltern, mit dem sie die Achtung ihrer religiösen Pflichten einforderten. Eine andere berichtet, wie Ali einem anderen Kind nach einer Auseinandersetzung nachgerufen hat: »Wer Schweinefleisch isst, ist selbst ein Schwein!«

Das mit dem Schweinefleisch muss für alle ein Thema werden! – darin sind sich alle einig. Und sie legen die Richtung fest:

(1) In der Einrichtung soll es künftig auch Schweinefleischprodukte geben. Die Kinder sollen lernen, selbst auf die Einhaltung der sie verpflichtenden Speisegebote zu achten. Hilfestellung seitens der Erwachsenen gehört dazu. Von der sollen sich auch die Kinder anstecken lassen und sich gegenseitig bei der Auswahl des jeweils Richtigen helfen.

(2) Unterschiedliche Speiseregeln, die aus religiösen wie auch aus medizinischen Gründen geboten sind, gehören zum Zusammenleben dazu. Wer daraus abschätzige Bewertungen anderer ableitet, verhält sich unfair und stört das Miteinander in der Gruppe.

Wie beurteilen Sie dieses Vorgehen?

Unterschiedliche Verhaltensweisen bekommen besonderen Nachdruck, wenn sie religiös mit entsprechender Autorität begründet werden. Das gilt besonders, wenn moralische Forderungen mit dem Gehorsam Gott gegenüber begründet und auch mit Angst vor Strafen verbunden werden. Da kann es durchaus zu Spannungen zwischen praktizierter Familienreligiosität und den Grundsätzen ethischer Bildung in der Einrichtung kommen. Wie gelingt es, Eltern davon zu überzeugen, dass in der Einrichtung andere moralisch-ethische Kompetenzen gefördert werden als zu Hause?

Es geht im Blick auf die Eltern um das Werben um Verständnis und im Blick auf die Kinder auch um die Zumutung unterschiedlicher Haltungen in Familie und Kita.

Islamisches Opferfest und die Geschichte von *Isaaks Opferung*

In einer Einrichtung wurden schon gute Erfahrungen mit dem gemeinsamen Feiern von Festen gemacht: mit Weihnachten, weil Jesu Geburt ja auch im Koran vorkommt, mit dem Fastenbrechen und dem gemeinsamen Nachdenken über den Sinn des Fastens.

Auch zum islamischen Opferfest finden die Erzieherinnen eine Gemeinsamkeit in der das Fest begleitenden Überlieferung, nämlich der Aufforderung Gottes an Abraham, dessen einziges Kind Isaak bzw. Ismael (in islamischer Tradition) zu opfern. Da schrecken sie dann doch zurück. Es ist die biblische Geschichte (1. Mose 22), der sie bisher bewusst aus dem Weg gegangen sind: Welches Vaterbild muss das bei Kindern erzeugen, die sich ja wohl mit Ismael identifizieren? Wo bleibt da das grundlegende Vertrauen? Und die unbedingte Gehorsamspflicht Gott gegenüber, die auch Tötung von Menschen einbezieht, lässt sich wohl kaum mit den ethischen Bildungszielen in Einklang bringen. Eine Erzieherin meint erschrocken: »Da rückt Abraham ja gedanklich schon in die Nähe von Attentätern um des Glaubens willen.«

Wie sollen sie sich verhalten, wenn entsprechend der üblich gewordenen Praxis auch dieses Fest zur Sprache kommt? Sollen sie
- diese Geschichte ausklammern, verschweigen?
- sagen, dass diese Geschichte nicht zu dem passt, was wir sonst von Gott wissen?
- sagen, dass Menschen verschieden denken, dass sie aus Geschichten das aufnehmen, was für sie wichtig ist. Hier geht es auf der einen Seite um absoluten Gehorsam, auf der anderen um die befreiende Botschaft, dass Gott keine Menschenopfer will?

Mit dem Nachdenken über diese alttestamentliche Geschichte kommt auch die Zentralgeschichte der christlichen Überlieferung, der Tod Jesu am Kreuz, in den Blick: Gilt da dasselbe?
- Die einen machen ihren Glauben an Gottes Willen zum Opfertod Jesu fest, an dessen Gehorsam bis zum Tod.
- Die anderen heben die innere Freiheit und den Mut hervor, mit dem Jesus seiner Botschaft vom Anbruch des Reiches Gottes unbeirrt gefolgt ist. Es war die Botschaft von der Annahme und Wertschätzung aller Menschen, besonders derer am Rande der Gesellschaft. Jesus hat sie niemals widerrufen und deshalb die Konsequenz seines Todes auf sich genommen.

Für beide Geschichten zeigt sich der befreiende Ausgang als sehr wichtig und entscheidend: die Botschaft vom Leben, das Gott den Menschen schenkt. Die

Erzieherinnen entdecken so, was – falls nötig – einen guten Zugang zu beidem eröffnen könnte.

Wie würden Sie sich verhalten, wenn es um das Erzählen dieser Geschichte geht – sei es im Zusammenhang des islamischen Opferfests, sei es, wenn christlich-bibeltreue-fundamentalistische Eltern diese Geschichte einfordern?

1.3.4.3 Kinder als kompetente Forscher und Entdecker

»Wissen ist Macht« – das ist das Leitmotto in unserer »Wissensgesellschaft«. Forschungen entwickeln sich in alle Richtungen weiter – die »Wissensmengen« vervielfältigen sich unaufhörlich. Unsere Bildungssysteme bleiben mit dem Versuch, das als notwendig erachtete Wissen zu vermitteln, hoffnungslos hinter den unaufhörlich wachsenden Wissensbeständen zurück. Aber wozu so viel Wissen, wenn es jederzeit elektronisch abrufbar ist? Bildungsexperten fordern seit Längerem die Wende vom bloßen Vermitteln des Wissens zu einem kompetenten Umgang mit ihm. Es geht um die Wege zum Wissen, um Entdeckerlust und Forscherdrang, um Neugier und das Erschließen von Zusammenhängen, um produktives Denken und Vorantreiben von Erkundungen.

Interkulturelle Begegnungen geben dazu viele Anlässe: Warum und inwiefern sind andere Menschen anders als wir? Was bringen sie aus ihren kulturellen Traditionen mit? Auf welchen Wegen sind die Migrantenfamilien zu uns gekommen? Was können sie von ihren Biografien und Lebenserfahrungen erzählen? Deutlich wird damit, wie sehr solches Erkunden in persönlichen Begegnungen und Erfahrungen geschieht. So werden Kinder mit hineingenommen in andere Lebenswelten mit ihrem kulturellen Hintergrund.

Mit dem interkulturellen Kennenlernen sind auch religiöse Besonderheiten verbunden: Gebetsgesten, Heilige Schriften und Gebäude, Gemeinschaftserfahrungen, Feste und Rituale. Religiosität zeigt sich darin, wie Menschen aus ihren religiösen Wurzeln und Verpflichtungen Hoffnung und Orientierung für ihr Leben gewinnen. Kinder dringen mit ihren Warum-Fragen von ihren Beobachtungen zu religiösen Autoritäten, zum Ursprung in Gotteserfahrungen in all ihrer Verschiedenheit vor. Das führt bis zu den Grenzen, über die hinaus nur noch Vermutungen möglich sind: Gibt es nur einen Gott oder verschiedene Götter? Warum gibt es verschiedene Religionen? Wäre es besser, wenn es nur eine Religion gäbe?

Moscheebesuch

Beim Besuch in der Moschee lassen sich die Kinder von der Raumatmosphäre und -gestaltung sowie dem Schmuck mit arabischen Schriftbändern beeindrucken. Sie lernen vielleicht auch die Praxis des rituellen Gebets kennen, erfahren etwas über die Ausrichtung nach Mekka und über die Bedeutung dieser Stadt. So entstehen viele Fragen: Warum ist es bei Christen anders? Warum wird da anders gebetet? Warum gibt es in der Kirche Bilder und in der Moschee nicht? Warum ist in der Kirche das Kreuz mit Jesus? Warum ist in der Moschee kein Altar und keine Orgel?

Jetzt ist die Erzieherin gefragt, mit ihren Antworten bzw. Hilfestellungen bei der Beschaffung von Antworten.

(© Margarete Luise Goecke-Seischa)

Abbildung 5: Gebetsnische in einer Moschee

1.3.4.4 Kinder als kreative Gestalter ihrer Welt

»Wenn ich groß bin, dann …« Mit immer wieder neuen Zukunftsfantasien und Ideen setzen sich Kinder von klein auf mit der sie umgebenden Wirklichkeit auseinander. Sie eignen sich nicht nur Erkenntnisse an, sondern formen sie zu ihren individuellen Welt- und Zukunftsbildern. Realitätswahrnehmung und Fantasie, äußere Eindrücke und innere Bilder greifen ineinander. Von Anfang an sind es die inneren Bilder der Kinder, mit denen sie die sie umgebende Wirklichkeit sehen und deuten, das Geschehen in die Perspektive eines gelingenden Umgangs mit der umgebenden Welt rücken. Mit kreativen Ideen erklären und gestalten die Jungen und Mädchen ihre Welt. Erlebte Grenzen werden mit den Höhenflügen der Fantasie überwunden.

Solches Deuten der inneren Bilder findet seinen besonderen Ausdruck im kreativen Formen und Gestalten. Dazu gehören auch die selbst geschaffenen, übernommenen und eingeforderten Rituale, die das Unübersichtliche im alltäglichen Geschehen ordnen und strukturieren und so den alltäglichen Lebensvollzügen eine gute und Vertrauen stiftende Form geben. Dem Wechselspiel von deutendem Aufnehmen der Wirklichkeit in den Eindrücken und dem gestaltenden Ausdruck dieser Deutungen widmet sich die ästhetische Bildung als unverzichtbarer Bestandteil des Bildungsgeschehens.

In interkultureller Sicht öffnet sich den Kindern die Vielfalt an Wahrnehmungen, die Kinder und Eltern aus anderen kulturellen Traditionen mitbringen. Andere Sprachen, Lebensgewohnheiten, Spiele und Feste usw. regen ihr eigenes kreatives Verarbeiten und Antworten an. So geschieht Horizonterweiterung im Miteinander, im Spielen und Feiern. Erfahrungen eines gelingenden Umgangs und bereichernde Perspektiven beflügeln die Fantasie und führen sie auch in unsichtbare Vorstellungswelten.

In interreligiöser Sicht richtet sich solches fantasievoll gestaltete Miteinander auch auf das Wahrnehmen, Miterleben, wie andere ihren Glauben leben. Die Kinder nehmen Gemeinsamkeiten und Unterschiede wahr. Sie bringen auch in Rituale, Geschichten und Gebete ihre Ideen ein, wie gemeinsames Feiern geschehen kann, bei dem alle Beteiligten mit ihren religiösen Traditionen vorkommen.

Aschura-Fest interreligiös feiern

Erzieherinnen sind darauf gestoßen, dass die Noah-Geschichte der Bibel auch im Koran vorkommt und dass sie sogar die Festgeschichte des sogenannten Aschura-Fests ist, das in etlichen islamischen Traditionskreisen große Bedeutung hat: Am 10. Tag nach dem islamischen Neujahrsfest findet der Aschura-Tag statt. An ihm wird an Mohammeds Tod gedacht, auch an Mose, der im Auftrag Gottes sein Volk aus Ägypten führte, und schließlich an Noah und die Arche –

und dabei besonders an die Tage vor dem Ende des Aufenthalts in der Arche und dem Neubeginn an Land. Der Brauch dieses Festes knüpft an eine Legende zur Noah-Geschichte an: Bevor die Zeit in der Arche zu Ende ging, wurden die Essensvorräte knapp. Alle fieberten ungeduldig dem Ausstieg aus der Arche entgegen. Und Noah wusste, dass nun keine Vorräte mehr nötig waren. Er ordnete an, alle Reste an Nahrungsmitteln zusammenzutun und daraus eine Suppe zu kochen. Diese Aschura-Suppe (= Zehnersuppe) muss zehn Zutaten haben und mindestens zehn Personen müssen an der Mahlzeit teilnehmen. Das also wird die Festmahlzeit bei unserem gemeinsamen Fest sein.

In einer Teambesprechung zusammen mit dem Träger, dann mit Eltern und schließlich mit den Kindern nimmt die Idee immer konkretere Gestalt an, mit dieser Geschichte ein gemeinsames Schöpfungs- und Friedensfest zu feiern. Muslimische Eltern bringen ihre Tradition ein, erzählen die ihnen bekannte Version der Noah-Geschichte.

Christliche Beiträge machen sich am Symbol des Regenbogens und dem damit verbundenen Versprechen Gottes zur Erhaltung der Schöpfung fest.

Die Kinder entwickeln Ideen zur festlichen Gestaltung der Suppen-Mahlzeit und entwerfen Bilder mit der Arche und dem Regenbogen.

Alle Vorbereitenden achten auf Transparenz, vor allem was die Herkunft der einzelnen Inhalte aus christlicher und islamischer Tradition betrifft. Beim Vergleich der Texte in Bibel und Koran fällt auf, dass in der islamischen Tradition die Vorgeschichte eine große Rolle spielt: *Nuh* (= Noah) verkündet als Prophet Allahs den anderen Menschen Gottes Willen: »Wendet euch zu Allah! Fürchtet den Tag, an dem ihr Allahs Gerechtigkeit gegenübersteht!« Aber die wollten nicht auf ihn hören, sondern verspotteten ihn. Sie quälten ihn sogar und versuchten ihn zu töten. Allah aber beschloss, alle diese bösen Menschen zu vernichten.

Die Vorbereitungsgruppe aus beiden Religionen einigt sich darauf, den Akzent bei der Geschichte ganz auf ihr Ende zu legen, auf die letzten Tage in der Arche und die ersten wieder auf festem Boden.

Neben den unterschiedlichen Beiträgen kommt das Verbindende in einem gemeinsam gesprochenen Gebet mit der Bitte um Frieden und dem Aufruf zur Bewahrung der Schöpfung zum Ausdruck.

Nach dem Fest werden eifrig Rezepte für die Aschura-Suppe weitergereicht, hier eines davon:

20 Glas Wasser	2 Mokkatassen geriebene Walnüsse
2 Glas Weizen	1 Mokkatasse geriebene Mandeln
½ Glas weiße Bohnen	6 trockene kleingeschnittene Feigen
½ Glas Kichererbsen	2 Glas Milch

1 Mokkatasse geriebene Nüsse	7 Glas Zucker
1 Mokkatasse Pistazien	8 trockene Aprikosen
Schale von 2 abgeriebenen Orangen	2 Glas Rosenwasser

Bohnen einweichen, Weizen im Wasser weich kochen, Feigen, Orangenschalen, Nüsse, Zucker und Milch kochen, ca. ¼ Std. im Schnellkochtopf. Mit dem Weizen vermischen, Rosenwasser einrühren. Aschura-Speise in Schälchen füllen, kalt werden lassen, mit Mandeln, Rosinen, Pistazien und Walnüssen dekorieren.[3]

1.4 Zusammenschau

Wie sich mit den Überlegungen und Argumenten dieses Kapitels das interreligiöse Konzept Ihrer Einrichtung präzisieren und begründen lässt, können Sie anhand der folgenden Gesprächssituation mit den dabei gestellten Fragen überprüfen.

Teamgespräch zur interreligiösen Konzeption
- Wir sind eine kirchliche Kita. Wer sich hier anmeldet, ist mit christlicher Erziehung und Bildung einverstanden.
  Wie verhält sich das zur geforderten Religionsfreiheit?
- Zuerst sollen die Kinder das Eigene kennenlernen, für die meisten sind das die christlichen Traditionen. Vermischung und Verwirrung in den religiösen Zusammenhängen soll vermieden werden. Erst wenn die Kinder im Eigenen gut zu Hause sind, ist Zeit für die Vielfalt.
  Wie verhält sich das zu den Anforderungen der Bildungspläne?
- Die Eltern fürchten zu viel kirchliche Dominanz. Sie wollen nur Information über Religionen oder lehnen religiösen Erziehung und Bildung ganz ab.
  Inwiefern ist damit das Verständnis von religiöser Bildung berührt?
- Alle Kinder haben das Recht auf religiöse Bildung in ihrer Religion. Deshalb darf es keinen Vorrang einer bestimmten Religion geben.
  Wie verhält sich das zum Trägerprofil und den Anforderungen an die Erziehenden?
- Religion ist Privatsache, das hat in der öffentlichen Bildung nichts verloren. Das würde viele Konflikte entschärfen.

---

3 Barbara Huber-Rudolf: Muslimische Kinder im Kindergarten. Kösel Verlag, München 2002, S. 78.

1.4 Zusammenschau

Darf man es sich so einfach machen?
Werden Zusammenhänge ausreichend berücksichtigt?
- Um Konflikte mit Eltern zu vermeiden, soll nur noch Gemeinsames der unterschiedlichen Religionen zur Sprache kommen.
Wo liegen da die Chancen, wo die Grenzen?
Wird das dem Erscheinungsbild des Religiösen in unserer Gesellschaft gerecht?
- Wir sind in den religiösen Themen viel zu ängstlich und nachgiebig. Welche Rechte haben denn die Christen in anderen, nicht christlichen Ländern (z. B. in der Türkei)?
Wie tragfähig ist dieses Argument im Blick auf die gesetzgeberischen Regelungen zur Religion in unserer Gesellschaft?

Im nächsten Kapitel kommen die Erscheinungsformen des Religiösen in unserer Gesellschaft genauer in den Blick – zuerst mit einem differenzierenden Überblick, dann mit einer Strukturierung, die zugleich pädagogische Aufgaben einbezieht.

Mit beidem werden dann bestehende Konzeptionen interreligiöser Erziehung und Bildung vor Augen gestellt und anhand der gewonnenen Kriterien beurteilt.

2 Interreligiöse Herausforderungen angesichts der religiösen Vielfalt – Konzeptionen

Ein wichtiges Ergebnis des ersten Kapitels ist, dass sich die interreligiösen Aufgaben nicht von den interkulturellen abtrennen lassen. Das eine geht in das andere über, Kulturelles und Religiöses sind eng miteinander verwoben, sowohl was die kulturelle und religiöse Vielfalt in unserer Gesellschaft betrifft als auch die Suche nach dem Verbindlichen und Verbindenden und nach dem Umgang der Kinder und Erwachsenen mit dem Andersartigen, Fremden. Wenn in Bildungsplänen religiöse Bildung thematisiert wird, dann liegt der Akzent oft bei der interreligiösen Bildung, weil sie so unmittelbar mit interkultureller Bildung verbunden ist. Beide zusammen sollen die gesellschaftlichen Herausforderungen aufnehmen sowie toleranten, verständnisvollen und zugleich auch kritisch reflektierenden Umgang mit den unterschiedlichen kulturellen und religiösen Traditionen fördern. Deshalb ist auch Politik an interreligiöser Bildung interessiert im Sinne des Überwindens von Abgrenzungen und Vorurteilen, die das gesellschaftliche Miteinander gefährden.

Woher aber rühren Zurückhaltung oder gar Widerstand gegenüber religiöser und interreligiöser Pädagogik in Theorie und Praxis? Schon in der Theoriebildung kommt das Interreligiöse noch viel zu wenig vor. Die Tübinger *Untersuchung Interreligiöse und interkulturelle Bildung im Kindesalter* (Bd. 1, S. 19) hat erbracht, dass in den Kitas nur wenige Kinder religiöses Wissen erkennen lassen, und noch deutlich geringer interreligiöses Wissen.

In der erziehungs- und sozialwissenschaftlichen Forschung und Literatur hat man sich bislang noch kaum auf die Herausforderungen der religiösen Pluralität im Elementarbereich eingelassen. Zwar werden interkulturelle Zusammenhänge durchaus breit diskutiert, aber die religiöse Dimension wird auch dabei in aller Regel ausgespart. (Friedrich Schweitzer)

Info: Interesse an interreligiöser Bildung in der Kita und bei Eltern
- 31 % der Erzieherinnen berichten, dass das Kennenlernen anderer Religionen auch Teil der Konzeption der Einrichtung sei.
- 32 % geben an, dass sie mit den Kindern über die verschiedenen Religionen der Welt sprechen.
- 32 % nehmen Erzählungen aus anderen Religionen auf.
- 53 % wünschen, dass Kinder mit Unterschieden und Gemeinsamkeiten der Weltreligionen vertraut werden.[1]

Auch neueste Elternbefragungen zeigen, dass die interreligiösen Herausforderungen in den Kitas noch viel zu wenig im Blick sind. Auf die Frage »Was ist Ihnen an der religiösen Erziehung in der Kita wichtig?«, gab es folgende Gewichtungen:

	nicht wichtig	wenig wichtig	wichtig	ziemlich wichtig	sehr wichtig
Christliche Feste erklären	3 %	4 %	21 %	20 %	52 %
Islamische Feste erklären	17 %	37 %	32 %	7 %	7 %
Geschichten aus der Bibel kennenlernen	7 %	15 %	28 %	23 %	27 %
Geschichten aus dem Koran kennenlernen[2]	35 %	41 %	17 %	4 %	4 %

Oft werden Religiosität und religiöse Bindung als Privatsache angesehen, in die sich Pädagogik nicht einzumischen hat. Elternumfragen lassen Vorbehalte gegen Beeinflussung durch die Religionsgemeinschaften erkennen. Erstaunlich ist demgegenüber aber das hohe grundsätzliche Interesse an Religion.

48 %   Eltern sollen ihren Kindern ihren Glauben nahe bringen.
(West 53 % Ost 28 %; über 60-Jährige: 64 %; 14–29-Jährige: 29 %)

---

1   Aus: Interreligiöse und interkulturelle Bildung, Bd. 3, S. 43.
2   Aus: Interreligiöse und Interkulturelle Bildung, Bd. 2, S. 95.

26 % Eltern sollten ihre Kinder über die Bibel und die Kirche lediglich informieren. (Schüler 40 %)
18 % Es reicht, wenn Kinder in Kindergarten und Schule etwas über den Glauben erfahren. (28 % Ost, 16 % West)
2 % Man soll Kinder vom Glauben fernhalten
2 % keine Angabe[3]

Diesem Widerspruch gilt es zunächst genauer nachzugehen: Die differenzierenden Überlegungen zum interreligiösen Lernen werden deshalb mit einer Klärung der Erscheinungsweisen des Religiösen in unserer Gesellschaft weitergeführt und in der Differenzierung von gesellschaftlicher, traditionsgebundener und individueller bzw. Familienreligiosität strukturiert. Damit kommt in den Blick, dass interreligiöse Bildung sich nicht nur auf die unterschiedlichen Traditionen der Weltreligionen bezieht, sondern genauso auf die Spannungen zwischen tradierten Überlieferungen und dem je individuellen Umgang mit Religiösem.

Aus den Ergebnissen lassen sich Kriterien für die interreligiösen Aufgaben gewinnen, um sodann mit ihnen die bestehenden Konzeptionen interreligiösen Lernens vor Augen zu führen und zu beurteilen.

2.1 Religiöse Vielfalt in der Gesellschaft

In früheren Zeiten war die religiöse Landschaft übersichtlicher. Im Mittelalter war das Christentum zugleich Staatsreligion. »Cuius regio, eius religio« (= Wer regiert, bestimmt die Religion seiner Untertanen) – das war auch noch der Grundsatz in der nachreformatorischen Zeit. Der politische Landesherr entschied über die christliche Konfession und setzte Bischöfe und die kirchliche Obrigkeit ein. Diese bestimmten das kirchliche Leben bis in die Erziehung der Kinder hinein. Wer sich dem widersetzte, musste mit Sanktionen bis hin zu Vertreibung und Tod rechnen. Heute ist die religiöse Landschaft viel differenzierter.

2.1.1 Religionen und Konfessionen

Zum konfessionell geprägten Christentum sind die anderen Weltreligionen, vor allem der Islam, getreten. Mit ihren religiösen Quellen und deren Überlieferungsgeschichten, mit den Glaubenstexten, Ritualen und Festen lassen sich

---

[3] Aus: Chrismon, März 2005.

Gemeinsamkeiten und Unterschiede verhältnismäßig gut und übersichtlich darstellen – auch wenn dabei mancherlei regionale und kulturell bedingte Differenzierungen zurücktreten müssen.

2.1.2 Religionsgemeinschaften

Unübersichtlicher wird das Feld, wenn es um kleinere religiöse Gemeinschaften geht. In biblisch-christlicher Orientierung haben sich Gruppen von den Traditionen der großen Konfessionen gelöst und eigene Wege des Glaubens gefunden. Als evangelische Freikirchen bzw. altkatholische Kirche sind sie in großer Nähe zu den Konfessionen geblieben und wirken in der Arbeitsgemeinschaft christlicher Kirchen (AcK) mit. Andere Gruppierungen, die in ihrem Verständnis der Bibel ganz eigene Wege gegangen sind (vor allem die Zeugen Jehovas), stützen sich dabei oft auf persönliche Offenbarungen eines Begründers, der seine Gemeinde um sich versammelt hat. Wieder andere Gemeinschaften weisen keine Bezüge mehr zu biblisch-christlichen Traditionen auf (z. B. Scientology). Hierzu gehören auch esoterische Gruppierungen oder Gemeinschaftsbildungen, die vorchristliche Traditionen wiederbeleben, wie etwa germanische oder keltische Überlieferungen. Je weiter wir zu solchen Gemeinschaftsbildungen vordringen, desto unübersichtlicher werden sie: Neue entstehen, andere verlieren an Bedeutung.

> **Info: Kirchliche Beratungsangebote zu religiösen Gemeinschaften**
> Die christlichen Großkirchen haben alle spezielle Beauftragte für moderne religiöse Strömungen, die diese Entwicklungen verfolgen und auch Rat geben – vor allem, wenn es um Kinder und ihre gesetzlich gefassten Kinderrechte geht.

2.1.3 Individuelle Glaubenseinstellungen

Noch schwieriger wird die Orientierung im Blick auf individuelle Glaubenseinstellungen, d. h. auf die Frage, wie Überlieferungen und religiöse Angebote die je eigenen Einstellungen und Haltungen bestimmen. Für viele entscheidet sich religiöse Glaubwürdigkeit daran, wie sie sich im Verhalten gegenüber Mitmenschen und Natur zeigt. Praktizierte Nächstenliebe rückt in den Vordergrund. Religiöse Amtsträger werden daran gemessen, inwiefern ihr Reden und Tun übereinstimmen. Soziales Engagement wird so zu den Qualitätsmerkmalen überzeugender Religiosität, was dann keiner differenzierten religiösen Begründungen bedarf. »Wir reden nicht vom Glauben, wir leben ihn« – hinter diesem Motto stecken sowohl Kritik an religiösen Überzeugungen und Haltungen, die ethisch zu oft folgenlos bleiben, als auch ehrliches Bemühen, religiöses Ethos in die Tat umzusetzen. Interreligiös ist dies bedeutsam, sofern solche ethische Verantwortlichkeit sich wie ein roter Faden auch durch die Traditionen der Weltreligionen zieht, wie Hans Küng in seinen Forschungen zum Weltethos der Religionen ins Licht gerückt hat.

Von Religionssoziologen werden gegenwärtig Merkmale einer »Patchwork-Religiosität« beschrieben. In ihr zeigen sich Tendenzen zur Individualisierung in allen Lebensbereichen, d. h. zur eigenverantwortlichen Lebensgestaltung, die nicht mehr durch Konventionen bestimmt ist. Das eigenständige Entwickeln von Lebensentwürfen, die den persönlichen, individuellen Überzeugungen und Erwartungen an das Leben folgen und nicht mehr vorgezeichneten Strukturen, wirkt sich auch im Umgang mit religiösen Traditionen aus. Das religiöse »Welterbe« öffnet sich dem persönlichen Zugriff, um auch die großen philosophischen und religiösen Fragen nach dem Sinn des Lebens selbst zu beantworten. Da können auch asiatische Weisheitstraditionen »beerbt« werden, die dem sezierenden Denken in der Subjekt-Objekt-Spaltung ganzheitliche Sichtweisen entgegensetzen genauso wie mystische Traditionen der monotheistischen Religionsgeschichte mit meditativem Sich-Versenken. Verbundenheit mit der Natur hat für viele in der Gestaltung ihrer Lebensentwürfe einen hohen Stellenwert, damit einher geht großes Engagement für die Erhaltung der Schöpfung, für die Sichtweise der Einheit von Menschen und allem Lebendigen. Das kann gut mit christlicher Schöpfungsverantwortung verbunden werden. Überhaupt lässt sich vieles miteinander verknüpfen. All das, was von klein auf die eigene Biografie geprägt hat, kann mit späteren religiösen Erfahrungen und Engagements verbunden werden.

Info: Patchwork-Religiosität

Schon seit alters her haben Religionen sich fremde Überlieferungen zu eigen gemacht und in das eigene Traditionsgefüge integriert. Das zeigt sich z. B. darin, wie biblische Traditionen Mythen aus dem mesopotamischen und ägyptischen Kulturkreis aufgenommen und neu interpretiert haben. Mit der Christianisierung wurden Kirchen über früheren Kultorten errichtet. Beispiele aus der lateinamerikanischen Religiosität zeigen, wie christliche Heiligenverehrung mit früherer kultischer Verehrung verschmolzen ist.

Patchwork-Religiosität ist in der neuzeitlichen christlichen Tradition auch eine Folge der zunehmenden eigenen Verantwortung für den Glauben, der Schwerpunktverlagerung von bloß übernommenen Glaubensinhalten zum Glauben, »mit dem man glaubt«, d. h. der dazu geeignet ist, die eigene Sinnsuche zu begleiten, der persönlichen Lebensführung Tiefgang zu geben. Da ist dann die kaum zu überblickende Vielfalt auch Frucht von Authentizität und Echtheit, von Grenzüberschreitungen, die auch Bedingungen für Glaubwürdigkeit im interreligiösen Dialog sind.

Zu fragen bleibt allerdings, wie sich das Spannungsfeld gestaltet zwischen dem Glauben, dem man sich anvertraut, der einen trägt, in dessen Überlieferungen man Orientierung sucht, dessen Wahrheitsanspruch einen beansprucht, der die eigene religiöse Identität begründet – und dem Glauben, den man sich selbst aus verschiedenen Elementen und Bestandteilen zusammenfügt, d. h. dessen Urheber man selbst ist.

2.1.4 Verdeckte Religiosität

Religionssoziologen haben auch auf eine »verdeckte« Religiosität aufmerksam gemacht, die sich nur mit einem weiten Religionsverständnis erfassen lässt, das unabhängig von Kirchlichkeit bzw. religiösen Traditionen ist. Da ist von »Fußballgöttern« die Rede, denen »Heiligenverehrung« zuteilwird wie so manchen »Ikonen« in der Welt der Musik und Unterhaltung. Gefolgschaftstreue und Bekennermut werden mit den entsprechenden Schals in Freud und Leid gezeigt. In »Konsumtempeln« verhilft das »Shoppen« zum Glücksgefühl. Vor allem in der Werbung spielt viel auf solch verdeckte Religiosität an, wenn Lebenssinn und -glück mit dem Kauf entsprechender Produkte verbunden werden (»Gib deiner Zukunft ein Zuhause; Wir machen den Weg frei; Wasser ist Leben«), mit Symbolik von Lebenserfüllung und -freude, Lebenskraft und Frische, ewiger Jugend etc. Auch das Thema »Liebe« ist weithin religiös besetzt. In *Titanic* z. B. bekennt einer der Hauptakteure, dass ihm die Begegnung mit der Geliebten mehr bedeutet als der Tod: Er würde wieder auf dieses Schiff gehen und dessen Untergang ins Auge sehen, nur um der Erfahrung dieser Liebe willen. Liebe im intimen zwischenmenschlichen Bereich soll das Heil verwirklichen und dem Leben Erfüllung schenken – und all das leisten, was sonst in den gesellschaftlichen Bezügen zu wenig oder gar nicht gelingt.

2.1.5 Religiöse Sprachlosigkeit

Und dann gibt es noch die religiöse Sprachlosigkeit, in der Menschen religiösen Traditionen mit Erstaunen, Verwunderung, Neugier, Fremdheit, Ablehnung und mancherlei Fragen gegenüberstehen. »Was sind das wohl für Menschen, denen Religion für ihr Leben wichtig ist? Wie wirkt sich Religiosität in ihrem Leben aus? Was meinen sie, wenn sie von ›Gott‹ reden? Welche Vorstellungen verbinden sie damit?« Das Interesse an Religion zeigt sich hier in kaum fassbarer, eher diffuser Weise: Umfragen zeigen, dass Eltern an religiöser Bildung großes Interesse haben, aufgrund eigener mangelnder Kompetenzen und Zutrauen zu sich selbst deren Vermittlung aber gern den Bildungseinrichtungen überlassen. Gleichzeitig befürchten sie in hohem Maße missionierende Tendenzen, also gezielte religiöse Beeinflussung, welche die freie eigene Entscheidung der Kinder beeinträchtigen könnte. Erstaunlich wenige erachten religiöse Erziehung und Bildung als unwichtig oder lehnen sie dezidiert ab.

Was bedeutet diese »Landschaft« der religiösen Vielfalt für die interreligiösen Bildungsaufgaben? Wie kann die große Spannweite zwischen traditionellen Glaubensüberlieferungen der Weltreligionen und dem individuellen Glauben, bei dem es letztlich so viele Religionen wie Menschen gibt (Chr. Dommel), in eine überzeugende Konzeption interreligiöser Erziehung und Bildung aufgenommen werden?

2.2 Zwischen gesellschaftlicher Religiosität, Traditionen der Weltreligionen und individueller Glaubenssuche

Eine Orientierungshilfe ist hier eine – zunächst im christlichen Bereich – beschriebene Differenzierung, die sich gut auch auf interreligiöse Herausforderungen im weiteren Sinne übertragen lässt. Es ist die Unterscheidung zwischen gesellschaftlicher Religiosität, kirchlicher Religiosität mit ihren Überlieferungen und individueller Religiosität, zu der auch die Familienreligiosität zu rechnen ist – samt den wechselseitigen Beziehungen zwischen diesen Dimensionen.

2.2.1 Gesellschaftliche Religiosität

Greifbar wird sie in der Präambel der Verfassung der Bundesrepublik Deutschland: »Im Bewusstsein seiner Verantwortung vor Gott und den Menschen, ... hat sich das Deutsche Volk kraft seiner verfassungsgebenden Gewalt dieses Grundgesetz gegeben.« Verfassungskommentare machen deutlich, dass hier nicht ein biblisch-christliches Gottesverständnis gemeint ist, sondern eine religiöse moralische Autorität, die das Gewissen bindet und die noch über dem »Menschenwerk« der demokratischen Gesetzgebungsprozesse steht. Gleichzeitig sind die staatlichen Organe selbst zu weltanschaulicher Neutralität verpflichtet, mit bedingt durch Erfahrungen mit totalitären Ansprüchen, d. h. dem Anspruch, selbst die höchste Gewissensinstanz zu sein. Diese Neutralität ist nicht mit religiösem Desinteresse zu verwechseln. Vielmehr entspricht sie dem Interesse an öffentlicher Wirksamkeit der gesellschaftlich »sprachfähigen« religiösen Kräfte – in einer Weise, die dem Spannungsfeld von positiver und negativer Religionsfreiheit gerecht wird. Es geht um gesellschaftlich wirksame religiöse Gruppierungen, die als öffentliche Gesprächspartner die gesellschaftliche Kommunikation mitgestalten können und dazu den Status als Körperschaften öffentlichen Rechts bekommen. In diesem Sinne werden kirchliche Organisationen in ihrer öffentlichen Meinungsbildung gefördert und wirken z. B. in Kommissionen mit, in denen es um ethische Fragen geht. So nehmen die Kirchen Stellung zu gesellschaftlichen Herausforderungen, sind Träger von Kindertageseinrichtungen und Schulen, in denen sie das Bildungsgeschehen aus ihrem erkennbaren religiösen Profil heraus gestalten, und achten dabei andere religiöse Überzeugungen.

2.2.2 Religiosität der Glaubensüberlieferungen

Sie lebt in der kirchlichen Religiosität aus der Überlieferungsgeschichte des christlichen Glaubens – entsprechend ist es bei den anderen Weltreligionen. In Symbolen, Glaubenslehren und Ordnungen des religiösen Lebens stiften diese Traditionen die Zusammengehörigkeit der Beteiligten, haben darin ihr erkennbares Profil. Dieses Profil bezieht sich auf alle Bereiche von Religion und Glauben.

Im Bildungsbereich zeigt es sich in den von den Religionsgemeinschaften verantworteten Inhalten des Religionsunterrichts, genauso wie in den Beschreibungen religiöser Bildung in den Kindertageseinrichtungen im Gesamtkontext des Bildungsgeschehens. Es macht deutlich, wie aus der Glaubensbindung heraus Leben und Zusammenleben gestaltet werden können. In diesem Sinne formulieren die Religionsgemeinschaften ihr Verständnis von Bildung, so wie es sich aus ihren religiösen Traditionen begründen lässt.

> **Zusammenhang von Glauben und Lebensführung mit Konsequenzen für Erziehung und Bildung in islamischer Sicht**
> – Gehorsam gegenüber Gott
> – Demut

- Dankbarkeit
- Ehrfurcht
- Der Mensch in der Gemeinschaft
  (Rücksicht und Verantwortung gegenüber seinem sozialen Umfeld)
- Gerechtigkeit
- Solidarität
- Achtung und Schutz des menschlichen Lebens
- Respekt gegenüber den Eltern
- Sexual- und Ehemoral
- Ehrlichkeit und Wahrhaftigkeit
- Verbot von Alkohol und Glücksspielen[4]

Theologische Begründung von Bildungsaufgaben in evangelischer Sicht

Der christliche Glaube versteht den Menschen als ein **Wesen in Beziehung:** Er lebt in Beziehung zu sich selbst, in Beziehung zu anderen und in Beziehung zu Gott. In diesen Beziehungen ist der Mensch Person und gewinnt seine Individualität als ein Wesen, das unvertretbar und einmalig als diese und keine andere Person vor Gott steht. Dabei erfährt sich das Individuum in der Relation zu sich selbst, zu anderen, zu Gott jeweils als ein Wesen endlicher Freiheit.

Im Horizont dieser Aspekte – der Endlichkeit, der Individualität, der Freiheit sowie der ursprünglichen Bezogenheit auf andere Menschen und auf Gott – entfaltet sich das christliche Bildungsverständnis.

- Die **Endlichkeit** verweist darauf, dass wir Geschöpf Gottes sind, wir konstituieren uns nicht selbst in absoluter Freiheit, sondern wir sind von Gott her konstituiert.
- In diesem Horizont sind wir dazu bestimmt, die eigene Persönlichkeit zu entfalten und die eigene **Individualität** auszubilden und damit der Bestimmung zum Ebenbild Gottes zu entsprechen.
- Weil wir von Anfang an Wesen in Beziehung sind, vollzieht sich auch Bildung stets als sozialer Prozess, als **Kommunikationsgeschehen.**
- Der Aspekt der **Freiheit** verweist darauf, dass sich der Prozess der Bildung nicht anders als in Freiheit vollziehen kann. Er kann nicht fremdbestimmt, sondern er muss letztlich selbstbestimmt und gewollt sein.[5]

---

4 Aus: Interreligiöse und interkulturelle Bildung, Bd. 2, S. 38 f.
5 Aus: Wo Glaube wächst und Leben sich entfaltet. Der Auftrag evangelischer Kindertageseinrichtungen. Eine Erklärung des Rates der Evangelischen Kirche in Deutschland, 2004, S. 16.

Argumente für die Praxis interkultureller Erziehung in katholischen Tageseinrichtungen für Kinder

Die ausnahmslose Zuwendung Gottes zu den Menschen hat für die Kirche zur Folge, dass sie ihre Dienste prinzipiell für alle offen halten muss.

Für ein mögliches Ansinnen, den Zugang zu katholischen Kindertageseinrichtungen allein aufgrund nationaler oder konfessioneller Kriterien beschränken zu wollen, gibt es keine plausible theologische Begründung. ...

Die Stringenz, mit der sich im Alten Testament Gott selbst und im Neuen Testament Jesus von Nazareth bevorzugt denen zuwenden, die marginalisiert werden und der ständigen Gefahr der Randständigkeit ausgesetzt sind, lässt keine unparteiische Kirche zu. ...

Die Kirche, die einen alle Grenzen ignorierenden menschenzugewandten Gott verkündigt und sich in der Nachfolge Christi sieht, der die Beziehungsangebote Gottes noch radikalisiert hat, darf sich nicht zurückhalten, wenn es gilt, Verständigungsprozesse zwischen Menschen und Völkern zu initiieren und zu unterstützen. Vor allem bieten sich in ihren eigenen Strukturen und Wirkfeldern zahlreiche Möglichkeiten, wo solche Verständigungen praktiziert und interkulturelle und ökumenische Beziehungen aufgebaut und weiterentwickelt werden können.

Katholische Tageseinrichtungen für Kinder können sich für die Begründung ihrer interkulturellen pädagogischen Arbeit als kirchliche Einrichtungen auf diesen grundsätzlichen Auftrag der Kirche zur Völkerverständigung berufen.[6]

Der Zusammenhang von gesellschaftlicher und überlieferter Religiosität lässt sich zusammenfassend so kennzeichnen:

Gesellschaftliche Religiosität	Überlieferte Religiosität
überlässt den öffentlich wirksamen und anerkannten Religionsgemeinschaften die Verantwortung auch im Bildungsbereich wahr.	verdeutlicht unter Wahrung der positiven und negativen Religionsfreiheit ihre Bindung an wegweisende höchste religiöse Autoritäten.

Wie aber verhält sich dies zu der oben differenzierten Vielfalt der individuellen Religiosität? Auch tradierte Religiosität lebt ja aus der Beteiligung der Individuen mit ihrer jeweiligen religiösen Sozialisation. Damit kommt Familienreligiosität in den Blick, d. h. Beobachtungen, wie sich im christlichen Kontext über

---

6 Aus: Verband Katholischer Tageseinrichtungen für Kinder (Hg.): Vielfalt bereichert, 1999, S. 18 f.

die vielen Generationen hinweg eigene religiöse Familientraditionen in Nähe und Distanz zu kirchlicher Frömmigkeit gebildet haben. Diese Beobachtungen führen zu dem, was Kinder und Eltern an familienreligiösen Bindungen mit in die Kita einbringen.

2.2.3 Individuelle Religiosität als Familienreligiosität

Immer wieder wird der Verlust der christlichen Traditionen beklagt. Wissen um Festtraditionen, Bibelkenntnisse, Gebetspraxis etc. schwindet, die Entkirchlichung der Gesellschaft schreitet voran. Das aber ist die Sichtweise der Kirchenbindung, die sich in zurückgehenden Mitgliederzahlen, geringerem Gottesdienstbesuch usw. spiegelt. Eine andere Sicht ergibt sich aus der persönlichen Verantwortung für den eigenen Glauben, wie er in vielen Familien seinen Ort hat und sich in Nähe und Distanz zum Überlieferten ausdrückt. Was sich an den Überlieferungen nicht mehr mit dem Verständnis der Wirklichkeit und dem Leben in ihr vermitteln lässt, stößt zunehmend auf Ablehnung. Analog lässt sich auch bei Muslimen ein differenziertes Verhältnis zu den islamischen Traditionen beobachten. Viele befürchten, dass ein Christentum, das in individueller Beliebigkeit verschwindet, schlechten Einfluss auf den Umgang der Muslime mit ihrer Tradition hat. Dass sich Religiosität in so vielen individuellen Facetten auflöst, ist für die einen wünschenswerte Folge gewachsener subjektiver Verantwortung, für die anderen ein Schreckgespenst.

> **Info: Nähe und Distanz zur religiösen Tradition bei Muslimen**
> In einer Umfrage stufen sich 50 % der Muslime als »eher gläubig«, 39 % als »sehr stark gläubig« ein. Grundsätzlich weisen im muslimischen Milieu religiöse Werte eine hohe Relevanz auf (Murat Kaplan, Koranlehrer und muslimischer Referent).[7]
>
> Hans Leu (Deutsches Jugendinstitut München) vermutet: Muslimen kann die Privatisierung des christlichen Glaubens als Schwäche erscheinen und ihre Überzeugung von der Überlegenheit der eigenen Religion bestärken.[8]

---

7 Murat Kaplan: Zum Forschungsstand der Kindererziehung in muslimischen Familien in Deutschland, in: Interreligiöse und interkulturelle Bildung in der Kita, Bd. 2, S. 35.
8 In: Hans Leu: Kommentar zu den Befunden aus der Erzieherbefragung, Interreligiöse und interkulturelle Bildung in der Kita, Bd. 3, S. 59.

In den biografischen Ursprüngen von Religiosität steht die Familie an erster Stelle, und die in der Familie praktizierte Frömmigkeit hat großen Einfluss auf das spätere Leben. Als Personen, mit denen man sich zu Fragen des Glaubens und der Kirche unterhalten möchte, werden Lebenspartner und Familienmitglieder häufiger genannt als Pfarrer (Michael N. Ebertz, Religionssoziologe).

Familie (ist) mit höchsten Lebenssinn- und Glückserwartungen besetzt. Religion, Kirche und Glaube werden im Vergleich dazu auf die Ränge verwiesen. Gesamtgesellschaftlich gesehen ist die Familie zum einzigen institutionalisierten Daseinsbereich geworden, in dem der Mensch als Person, d. h. in all seinen Lebensbezügen Thema werden kann.[9]

Früher galt die Familie als Ort der Einweisung in die Glaubenstradition. Mit dem Taufversprechen begann die von der Familie aktiv mitgestaltete Eingliederung in die Gemeinde. Inzwischen hat sich das Verhältnis umgekehrt: Eltern nutzen die kirchlichen Dienstleistungen selektiv, um die Familienbindungen zu festigen und die Familie als Hort der Geborgenheit mithilfe der »sakralen Infrastruktur« der Kirche zu bestätigen. Aus einer religiösen Herrschafts- bzw. Autoritätsbeziehung von Geistlichen über Laien scheint faktisch immer mehr ein marktähnliches Verhältnis zu werden, in dem die religiöse Nachfrage und damit auch das religiöse Angebot weitgehend durch den Eigensinn der Familie bestimmt wird. Die ehemalige Verkirchlichung der Familie im Verlauf der zweiten Hälfte des 20. Jh. wird durch eine Familialisierung der Kirche abgelöst. Familien nehmen Angebote der Traditionen auf, sofern sie als bereichernd empfunden werden. Kirchliche Rituale gestalten die Übergänge in neue Lebensphasen, sprechen Begleitung und Segen zu (Taufe, Konfirmation und Firmung, Hochzeit). Dazu gehört die Symbolik für Schutz und Begleitung, wie die Schutzengeltraditionen, auch ethisches Werteverständnis. Orientierung in der religiösen »Landschaft« wird als notwendig akzeptiert, auch um die vielfach säkularisierten Festtraditionen etwa zu Weihnachten und Ostern besser verstehen zu können.

---

9 Michael N. Ebertz: »Heilige Familie« – ein Auslaufmodell? Religiöse Kompetenz der Familien in soziologischer Sicht, in: Albert Biesinger und Herbert Bendel (Hg): Gottesbeziehung in der Familie, Schwabenverlag, Ostfildern 2000, S. 26.

Gesellschaftliche Religiosität	Überlieferte Religiosität	Individuelle Religiosität
überlässt den öffentlich wirksamen und anerkannten Religionsgemeinschaften die Bindung an höchste religiöse Autoritäten.	nimmt unter Wahrung der positiven und negativen Religionsfreiheit gesellschaftliche Verantwortung auch in der Bildung wahr; artikuliert ihre Botschaften im Blick auf das, was Menschen bewegt, was sie suchen und brauchen.	setzt sich zu religiösen Traditionen in Nähe und Distanz in Beziehung.

Zwischen den drei Polen von Religiosität ergeben sich damit mancherlei Beziehungen und auch Spannungen:
- Religionsgemeinschaften nehmen mit ihren Botschaften und denen, die sie vertreten, gesellschaftliche Verantwortung wahr, bringen den Schatz ihrer religiösen Traditionen auch in das Bildungsgeschehen der Kita ein und tun dies in der Spannung zwischen der positiven und negativen Religionsfreiheit. Sie zeigen religiöse Bindung und sichern zu, dass niemand in seinen religiösen Gefühlen und Einstellungen verletzt oder zu etwas gedrängt wird, das der eigenen religiösen Überzeugung entgegensteht.
- Religionsgemeinschaften setzen einen Rahmen, in dem sich individuelle Frömmigkeit entfalten kann. Sie antworten auf familienreligiöse Bedürfnisse, stellen Zusammenhänge mit ihnen her, geben Raum für das persönliche Suchen und Fragen, bieten so Haft- und Orientierungspunkte für die individuelle religiöse Vielfalt in der Gesellschaft.
- Wie können Kinder und Eltern an den Beispielen der überlieferten Religionen erleben, wie religiöse Bindungen in Lebenszusammenhänge eingebettet sind? Wie können religiöse Traditionen Menschen auf diese Weise leiten und begleiten und wie kommt das in der Vielfalt der je persönlichen Überzeugung zur Geltung?
- Wie können sich Kinder in Nähe und Distanz zu den eingebrachten Überlieferungen verhalten, Gemeinsamkeit und Verschiedenheit erleben – und gemäß den religiösen Überzeugungen und Wünschen der Eltern mit ihnen umgehen? Wie gelingt es, vorhandenes Misstrauen der Eltern vor Manipulation zu überwinden?

Insgesamt ergeben sich aus der pluralen religiösen »Landschaft« mit ihren drei Polen folgende interreligiöse Aufgabenstellungen:
- Im Sinne der weltanschaulichen Neutralität des Staates sind Religionsgemeinschaften zum Einbringen ihrer Traditionen ins Bildungsgeschehen eingeladen:
  Wie leisten die Religionsgemeinschaften ihren Beitrag in den Kitas im Sinne der auch sie verpflichtenden Bildungsgrundsätze?
- In ihrer gesellschaftlichen Mitverantwortung sind die Religionsgemeinschaften zur Förderung von Toleranz und Bereitschaft zur Verständigung aufgerufen.
  Wie kommt im interreligiösen Bildungsgeschehen das die Religionen verbindende Gemeinsame zum Ausdruck? Wie zeigen sich Wertschätzung und Offenheit im Umgang mit Unterscheidendem?
- Religiöse Traditionen zeigen sich darin, wie Menschen mit ihnen ihr Leben gestalten.
  Wie erfahren Kinder und Eltern die Wirksamkeit religiöser Traditionen in Menschen, die sie überzeugend repräsentieren?
- Positive und negative Religionsfreiheit verlangen eine sorgfältige Balance in ihrem Spannungsverhältnis.
  Wie wird gesichert, dass niemand in seinen religiösen Empfindungen und Einstellungen bedrängt oder gar verletzt wird?
- Religiöse Überlieferungen zeigen sich in der Vielfältigkeit, in der sich die Menschen ihnen verpflichtet fühlen.
  Wie wird sichtbar, dass religiöse Überlieferungen in Personen mit ganz unterschiedlichen eigenen biografischen Erfahrungen wirksam sind?
- Nähe und Distanz zu religiösen Traditionen brauchen Ausdrucksformen, die sie sichtbar und erkennbar machen.
  Wie können Kinder und Eltern in Begegnungen mit religiösen Überlieferungen ihre persönliche Übereinstimmung wie Differenz, ihre Nähe wie Distanz zum Ausdruck bringen?

Mit Blick auf die aktuelle religiöse ›Landschaft‹ gilt es nun bestehende interreligiöse pädagogische Konzepte daraufhin zu beurteilen, wie sie dieser ›Landschaft‹ gerecht zu werden versuchen.

2.3 Konzeptionen der interreligiösen Erziehung und Bildung

2.3.1 Implizite Religiosität: Verhalten in christlicher Gesinnung

»Wir arbeiten auf der Basis des christlichen Menschenbilds.« So steht es in etlichen Kita-Konzeptionen. Damit ist zum einen gute Übereinstimmung mit wesentlichen Grundsätzen aktueller Kindergartenpädagogik gewährleistet und mit dem, was sich wohl alle Eltern für ihre Kinder wünschen: Die Kinder sollen sich wohlfühlen, einfühlsame, verständnisvolle Erzieherinnen und Erzieher haben, es soll eine gute Atmosphäre im Haus herrschen.

Im Blick auf religiöse und interreligiöse Aufgabenstellungen wird in dieser Konzeption allerdings auf eine inhaltliche Thematisierung verzichtet. Damit sollen irritierende und verunsichernde Widersprüche zu anderen religiösen Orientierungen der Familien vermieden werden. Christliche Bindung zeigt sich in der aus ihr erwachsenden Zuwendung zu den Kindern, die im überlieferten Verhalten Jesu den Kindern gegenüber wurzelt und in seinen Worten »Lasset die Kinder zu mir kommen, denn ihnen gehört das Reich Gottes (Markus 10,14)« deutlich wird. Das ist zugleich ein Verhalten, das nicht als ein spezifisch christliches identifiziert werden muss. Christliche Haltung zeigt sich hier ohne Spannungen zu anderen religiösen Überzeugungen.

Dieses Konzept passt gut in den ersten Lebensjahren, d. h. für die Zeit, in der es noch nicht um Erzählen und Erklären religiöser Überlieferungen geht. Religiöse Bezüge gehen noch in erfahrener Zuwendung auf. Aber schon bei den Kleinen werden wohl in der Adventszeit die Weihnachtskrippen aufgestellt. Eltern sehen dies, und wenn sie christliche Bezüge vermeiden wollen, reagieren sie mit Zeichen der Distanz. Wie soll damit umgegangen werden? Und wie ist es später, wenn die Kinder ihre Fragen nach dem Woher und Wohin des Lebens stellen, wenn sie auf Gott zu sprechen kommen und auf Auskünfte drängen? Soll dann darauf verzichtet werden?

In den Bereich solcher »impliziter« Religiosität gehört auch das Ineins-Setzen von ethischen und religiösen Werten. Das Verhalten in den alltäglichen Lebenssituationen steht im Vordergrund, die Begründungen solchen Verhaltens in philosophischen oder theologischen Traditionen erscheint dem gegenüber sekundär. Die Gefahr dabei ist, dass mit der sicherlich wichtigen Werteorientierung für die Lebenspraxis die sie tragenden religiösen Bindungen und Überzeugungen aus dem Blick geraten. Umso mehr gilt es, sie im Sinne eines ganzheitlichen Bildungsauftrags ins Blickfeld zu rücken.

> **Info: Was ist nach Elternmeinung für die Kinder wichtig?**
> Zur Frage »Was soll Ihrem Kind Ihrer Meinung nach in der Kita vermittelt werden?« ergaben die Antworten folgendes Bild.[10]
>
> | Trifft | gar nicht zu | wenig zu | mittel zu | ziemlich zu | voll zu |
> |---|---|---|---|---|---|
> | Anleitung zum verantwortungsvollen Handeln | 0% | 1% | 3% | 18% | 78% |
> | Werte | 0% | 1% | 7% | 20% | 71% |
> | Religion | 8% | 17% | 33% | 21% | 21% |
> | Glaube an Gott | 15% | 16% | 26% | 18% | 25% |

2.3.2 Orientierung am Gemeinsamen: Vermeiden von Widersprüchen und Ausgrenzungen

Unbestritten ist es eine der wichtigsten religionspädagogischen Aufgaben in interreligiöser Sicht, Gemeinsamkeiten mit anderen religiösen Traditionen, allen voran dem Islam, auszuloten. Da kann es manch überraschende Entdeckungen geben. In Tischgebeten zeigt sich viel Übereinstimmung.

Aus christlicher Tradition

Du gibst uns, Gott, durch Speis und Trank
Gesundheit, Kraft und Leben.
So nehmen wir mit Lob und Dank,
was du uns jetzt gegeben.
Wir gehen, Gott, zum Essen
und wollen nicht vergessen,
dass wir die guten Gaben
aus deinen Händen haben.

---

10 Aus: Interreligiöse und interkulturelle Bildung, Bd. 2, S. 93. An der Elternbefragung nahmen 590 Eltern aus dem gesamten Bundesgebiet teil.

Aus der Waldorf-Tradition

Das Brot vom Korn
Das Korn vom Licht
Das Licht aus Gottes Angesicht.
Die Frucht der Erde
aus Gottes Schein,
lass Licht auch werden im Herzen mein.
Rudolf Steiner

In deinen Früchten, Mutter Erde,
ruht das Geheimnis deiner Sonnenkraft.
Gib, Gott, dass in uns wirksam werde
Dein Geist, der alles lenkt und schafft.
Rudolf Steiner

Aus islamischer Tradition

Dank gebührt Gott,
dem, der uns satt macht, der uns nicht dursten lässt,
der uns zu den Glaubenden zählt.
Öffne uns alle Türen zum Guten.
lass Deinen Segen über uns nicht zu Ende gehen.
Dank gebührt Gott, dem, der uns alle ernährt.

Aus jüdischer Tradition

Gepriesen (baruch) bist du, **Jahwe,** unser Gott, Schöpfer der Welt, für Speise und Trank: Durch sie gewährst du uns Leben und Freude. Gepriesen bist du in Ewigkeit.

Aber was ist mit den Kindern und Eltern aus »religionsferneren« Familien, die keine Resonanz zu christlich-islamischen Gemeinsamkeiten finden bzw. religiös bestimmte Rituale grundsätzlich ablehnen? Wird dann, um Irritationen vorzubeugen, auf solche Rituale verzichtet, wird das Weihnachtsfest in ein Winterfest umfunktioniert und Ostern zum Frühlingsfest, das sich auf die Symbolik der neu erwachenden Natur beschränkt?

Kinder bringen aus ihren Familien in ganz unterschiedlicher Weise religiöse Erfahrungen mit und haben ein Recht darauf, dass sie zur Sprache kommen, wie sonst auch alles, das sie beschäftigt. Dass sie von religiös beeinflussten Familienbräuchen erzählen, gehört dazu, genauso wie Kirchen- und Moscheebesuche, die zum Erkunden, Erleben und Erproben auffordern.

2.3.3 Religionssensible Bildung:
Wahrnehmen, wie sich Religionen zeigen

Viel weiter in religiöse Bezüge hinein reicht das Konzept der sogenannten »religionssensiblen« interreligiösen Bildung. Es geht hier um Aufmerksamkeit für religiöse Inhalte. Sorgfältiges Erkunden verbindet sich mit dem Respekt gegenüber dem Religiösen, auch mit der Wahrnehmung von Unterschiedlichkeit, in der sich verschiedene Zugehörigkeiten erkennen lassen. Es ist ein forschendes Lernen an den Erscheinungsformen der Religionen und der Religiosität der Menschen.

> **Religionssensible Bildung mit dem »Geheimnisbeutel«**
> Die Kinder sitzen im Kreis. Der »Geheimnisbeutel« wird herumgereicht, betastet, Vermutungen werden angestellt. Er wird geöffnet, sein Inhalt (vielleicht eine Ikone der Ostkirche, eine hinduistische Götterfigur, ein Tonträger mit dem Ruf des Muezzin) wird genauer studiert, Fragen nach Herkunft, Bedeutung, Funktion werden gestellt und gemeinsam mit den Erziehenden beantwortet.
> Eine lebensgroße Puppe ist mit bestimmten religiösen Merkmalen ausstaffiert. Die Kinder befragen die Puppe nach diesen Besonderheiten – die Erzieherin schlüpft in die Rolle der Puppe und antwortet auf die Fragen.

Dieses Konzept erschließt anschauliche Erkundungsreisen in die Welt der religiösen Traditionen, seien es Gegenstände mit dem, worauf sie verweisen, Feste mit ihrem Hintergrund, Begriffe mit ihren Bedeutungen. Die Kinder lernen so auch Zuordnungen kennen: Die einen Glaubenden verhalten sich so in ihrer Religion, die anderen anders – an unterschiedlichen Überlieferungen lassen sich religiöse Zugehörigkeiten erkennen. Die Kinder entdecken auch Nähe zu dem, was die eigene Familientradition betrifft, und Distanz zu dem, was nicht dazugehört. Beides, Wiedererkennen und Neues, regt den Entdeckungseifer an.

Den Bedingungen der negativen Religionsfreiheit wird solche religionssensible Bildung uneingeschränkt gerecht. Alles religiös Vereinnahmende wird dezidiert ausgeschlossen. Es geht um ein wertungsfreies Kennenlernen religiöser Erscheinungsformen mit allen Sinnen, um die beobachtbare, kulturelle Seite von Religion und nicht um irgendwelche Bekenntnisse. Niemand muss sich ausgeschlossen fühlen von Glaubensvollzügen der anderen, denn um die geht es nicht.

An die Erziehenden stellt diese interreligiöse Konzeption hohe Ansprüche. Sie erfordert einen breiten Wissensbestand zu den Erscheinungsformen der Religionen. Auch wenn vieles durch bereitgestelltes Begleitmaterial in Geschichten und Bildern erleichtert wird, so wird von den Erziehenden doch viel Hintergrundwissen erwartet. Zugleich setzt das Konzept eine deutliche Grenze vor dem, was Religion im Eigentlichen ausmacht: Religion als Beziehung zu dem, »was mich unbedingt angeht«, was Lebenssinn und Orientierung gibt; religiöse Bindung als persönlicher Glaube in Bezug zu einer Gemeinschaft der Glaubenden. Diese innere Seite des Religiösen wird bewusst von der religiösen Bildung abgetrennt, weil sie sich der Überprüfung entzieht. Sie wird als Aufgabe der religiösen Erziehung der Familienbildung zugewiesen bzw. dem Geschehen in den religiösen Gemeinschaften: Religiöse Einstellungen sind in dieser Konzeption Sache der religiösen Erziehung mit dem Ziel der persönlichen Zustimmung. Religiöse Bildung dagegen widmet sich den objektiv nachvollziehbaren Erklärungen. Dieser Ansatz ist religionswissenschaftlich, nicht theologisch ausgerichtet, denn in den Theologien geht es um Glauben im Bezug zu den ihn begründenden Offenbarungen und Gotteserscheinungen. Religionswissenschaftlich geht es um ein Lernen *über* Religionen, das seinen beobachtenden Standort außerhalb von ihnen hat. Ziel ist es gerade nicht, zu dem hinzuführen, wie Menschen in ihrem Glauben leben, aus ihm Kraft schöpfen, Verbundenheit praktizieren. Es geht vielmehr um ein »unparteiliches Handwerkszeug« der Beobachtung und Einordnung, nicht um das Teilen oder Nichtteilen von Überzeugungen. Kommen sie zu Wort, so wird das ziemlich pauschal als »Missionierung«, als ein Aufdrängen gekennzeichnet – was im öffentlichen Bildungsgeschehen unbedingt zu vermeiden sei.

Freilich wird dieses Erkunden der religiösen Phänomene nicht nur nüchtern und rein sachlich gestaltet, sondern lädt zur engagierten und emotionalen Teilnahme ein. Die religiösen Erscheinungsformen sollen den Kindern durchaus nahegebracht und es sollen ihnen auch Möglichkeiten der Distanzierung eröffnet werden. Nähe entsteht in wertschätzender Wahrnehmung all dessen, in dem sich Religion zeigt, Distanz im Gespräch, ob und wie diese Wahrnehmungen einen selbst ansprechen, auch auf dem Hintergrund der eigenen Familienerfahrungen. Aber weil es im Wesentlichen um sachliche Bezüge geht, werden die personalen Bezüge von Nähe und Distanz nicht weiter verfolgt.

Wie ist es hier mit dem Verhältnis von positiver und negativer Religionsfreiheit? Zur Ausübung von Religion gehört doch deren Wesentliches, die religiöse Bindung, mit dazu. Diese Bindung zeigt sich ja nicht nur in der Reinkultur der objektiven Traditionsinhalte, sondern schließt das subjektive Suchen und Aneignen ein. Religion und religiöse Vielfalt sollten den Kindern in Menschen begegnen, die ihre persönliche religiöse Haltung zeigen können. Dem gilt es nun in einem weiteren Konzept genauer nachzugehen.

2.3.4 Interreligiöses Lernen in Begegnung: Sich auf religiöse Praxis und Überzeugungen einlassen

An Kindern lässt sich immer wieder beobachten, wie sie die ihnen von Erwachsenen zugedachten und auch zugemuteten Grenzen überschreiten. Sie singen auch im Sommer Weihnachtslieder, die sie mögen, und stellen Fragen, welche die Umstehenden als peinlich empfinden. In ihrem Philosophieren bringen sie auch Fragen nach Gott ins Spiel, und in religiösen Gesprächen verlassen sie die Ebene des objektiv Beschreibenden, indem sie nach persönlichen Einstellungen fragen: »Glaubst du auch an Gott? Woher können wir wissen, ob es Gott gibt? Warum gehst du in die Kirche? Warum hast du ein Kopftuch auf? Betest du auch zu Hause?« usw. Sie stellen solche Fragen den Eltern und auch den ihnen vertrauten Erziehenden in der Kita – wenn es dazu Gelegenheit gibt und sie bei den Angesprochenen Resonanz spüren. Und sie erwarten ehrliche Antworten. Sie drängen von den religiösen Phänomenen weiter zu dem, was sie Menschen bedeuten, sie möchten wissen, wie sich Menschen dazu verhalten.

Kinder spüren die Glaubwürdigkeit in deren Beziehungen und lassen sich von Echtheit und Authentizität beeindrucken. Beim Begegnen mit Religionen geht es ihnen auch um persönliche Stellungnahmen zu all dem, was Religion ausmacht: um Vollzüge, die einem viel oder wenig bedeuten, um Überzeugung, die zum Ausdruck kommt, um Konsequenzen für das eigene Handeln. Und sie brauchen auch die Möglichkeit der Distanz, die ihnen auf dem Weg zum Finden einer eigenen Position hilft. Um beides geht es: religiöse Positionalität zu erleben in all dem, was für Religion wesentlich ist, sowie das eigene Verhältnis dazu. Zum Kennenlernen, Wahrnehmen, Verstehen und Zuordnen von Religion gehört nicht nur das Nachdenken *über* Religion, sondern das Erfahren, wie Leben *in* der Religion geschieht. Das darf durchaus beeindrucken und im Mitmachen erprobt werden.

> **Eine Erzieherin berichtet**
> »Ich bin in einem frommen Elternhaus aufgewachsen, das Tischgebet war eine Selbstverständlichkeit, die von niemandem im Frage gestellt wurde. Mir kam nie in den Sinn, dass es anderswo anders sein könnte. Als ich bei einer Freundin zum Essen eingeladen war, nahm ich zum ersten Mal wahr, dass es auch Essen ohne Tischgebet gab. Das weckte in mir viele Fragen: Muss man zu Tisch beten? Warum tun das andere nicht? Warum machen wir es so? Was ist eigentlich anders, wenn man nicht betet?«

Zur erfahrenen Nähe gehört die Möglichkeit zur Distanz, die einem auf dem Weg zum Finden einer eigenen Position hilft. Solches Zurücktreten von beeindruckender persönlicher Echtheit wird durch die Wahrnehmung der Unterschiedlichkeit, in der Menschen glauben, erleichtert. Kinder lernen mit religiöser Unterschiedlichkeit umzugehen, indem sie sie dem unterschiedlichen Verhalten der beteiligen Menschen zuordnen: Meine Mutter ..., mein Vater ..., meine Erzieherin ..., meine Großeltern ...

Das fordert zum eigenen Stellungnehmen heraus: »Ich glaube (nicht), dass ...«

Beim Theologisieren auch die eigene Meinung einbringen?
Eine Erzieherin mit kinderphilosophischer Ausbildung bezieht bewusst auch biblische Bezüge in ihre philosophischen Gesprächsrunden ein. Nach dem Erzählen der Schöpfungsgeschichte (1. Mose 2) mit der Erschaffung des Adam aus Erde eröffnet sie das Gespräch mit der Aufforderung zur Stellungnahme: »Glaubt ihr das auch so?«

Das löst eine intensive Auseinandersetzung aus mit viel Für und Wider. Die einen meinen, das könne nicht so sein, weil aus Erde kein Mensch entstehen kann. Andere betonen, dass Gott alles könne, weil er eben Gott sei.

Die Gesprächsleiterin zieht sich dabei ganz auf ihre Moderatorenrolle zurück.

Wie hätte sie Ihrer Meinung nach auf die Frage eines Kindes: »Glaubst du das auch so oder anders?« antworten sollen?

Vielleicht so: »Ich glaube auch nicht, dass Gott den ersten Menschen aus Erde geformt hat. Das kann ich mir einfach so nicht vorstellen. Aber dass alles von Gott kommt, das glaube ich schon. Ich glaube, dass Gott es gewollt hat, dass es uns gibt. Aber wie alles angefangen hat, wer weiß das genau?«

Zur Klärung der Unterschiedlichkeiten in den religiösen Traditionen mit ihren Gemeinsamkeiten und Unterschieden hilft Kindern ein an Personen orientierter Zugang. Rituale und Feste, Verhaltensweisen, wie die Art zu beten und sich an gottesdienstlichen Feiern zu beteiligen, werden Kindern im Verhalten der Beteiligten deutlich. Und so wie im Philosophieren und Theologisieren Meinungen nebeneinander stehen und gelten dürfen, so gilt das auch für die religiösen Traditionen: Das »ich glaube« verdient Respekt und Anerkennung, weil es zu der Person passt, die es vertritt. Dazu kommt mit der religiösen Verschiedenheit auch die Distanz: Andere machen es – auch auf überzeugende Weise – anders. Warum wohl?

Nähe verbindet sich mit dem Gewohnten, Heimischen, Vertrauten, Überzeugenden. Distanz weckt das Ungewohnte, Fremde – all das, was zunächst eigene Klärung und Stellungnahme herausfordert, was sich nicht spannungs- und widerstandsfrei zuordnen lässt. Nähe und Distanz benennen somit mehr als nur den Unterschied, wie sehr man sich angesprochen fühlt. Sie zeigen auch an, wie man mit der eigenen Person, Gewohnheit und Überzeugung in das eine oder andere eingebunden ist. In diesem Sinne geht es in Nähe und Distanz auch um ein Rollenverhalten. Kinder mit ihrer religiösen Sozialisation in der Familie und dem vom Elternhaus als bedeutend und wichtig Erachteten treffen auf andere religiöse Traditionen, die ihr eigenes Verhalten und Beurteilen herausfordern.

Interreligiöse Begegnung zielt darauf, dass Kinder sich in den Rollen von Nähe und Distanz sicher verhalten können – in der Rolle der zustimmenden Beteiligung und der zurückhaltenden Skepsis, der Nicht-Beteiligung. Das sollen sie in ihrer Zugehörigkeit zur Kindergruppe bei uneingeschränkter Einbindung zeigen können.

Unterschiedliches Gebetsverhalten der Kinder
In der *Tübinger Untersuchung*[11] wurden zum Gebetsverhalten folgende Verhaltensmuster der Kinder erkannt:
- die Wiedergabe des Rituals ohne Reflexion.
- die Wiedergabe mit dem Hinweis, es zu Hause nicht zu praktizieren. Die Kinder suchen bzw. verfügen über keine Erklärung.
- die Erklärung der Differenz als kulturelle, ohne Bezug auf die Religion.
- der religiöse Erklärungszusammenhang: Die Kinder unterscheiden zwischen »bei uns« und »bei euch«.
- Schließlich: Es kommt zum Konflikt zwischen den Lebensbereichen Kindergarten und Familie (obwohl es zwischen den Kindern zu keinem äußerlichen Konflikt kommt): Die Eltern verweigern das Mitbeten.

Im Sinne des Begegnungskonzepts lernen die Kinder mit der personellen Zuordnung (bei uns – bei euch) zugleich Verhaltensmöglichkeiten, Nähe und Distanz auszudrücken, etwa indem sie mit anderen Gesten (erhobenen Händen) beten, indem zu den christlichen auch andere Gebete kommen, die ein wechselndes Rollenverhalten ermöglichen. Ziel ist es, mit einem plausiblen Erklärungszusammenhang und damit verbundener Rollenklärung die von den Eltern signalisierte Distanz konstruktiv aufzunehmen, sie in die Normalität der Verschiedenheit in der Gruppe einzubinden.

---

11 Interreligiöse Bildung und Erziehung, Bd. 1, S. 170.

2.3 Konzeptionen der interreligiösen Erziehung und Bildung   75

Abbildung 6: Unterschiedliche Gebetsgesten

Es sind vor allem die unterschiedlichen Familientraditionen, die solche Rollen mitbestimmen. Was hilft Kindern in diesen Situationen?

Info: Unterschiedliche Familientraditionen und Lernchancen
Da sind Kinder,
- die in der Kita im Verhalten der dort Tätigen viel Vertrautes aus ihrer häuslichen Erfahrung wiederfinden. Sie erweitern ihren Horizont, indem sie bei anderen Kindern und Eltern andere Verhaltensweisen und Einstellungen wahrnehmen, von denen sie sich selbst in ihrem Verhalten unterscheiden.
- die in der Kita einer anderen religiösen Tradition begegnen. Sie erfahren Wertschätzung in dem, was sie mitbringen, indem ihr Eigenes immer wieder zur Sprache kommt und es ihnen erleichtert wird, Unterschiede wie Gemeinsamkeiten zuzuordnen. Sie erleben, wie Unterschiedliches in einer verbindenden und verbindlichen Atmosphäre des Respekts eingebunden ist.
- die von zu Hause keine religiösen Traditionen mitbringen und denen es die Eltern freistellen, sich von den religiösen Angeboten in der Kita ansprechen zu lassen. Sie machen ihre Erfahrungen, gewinnen ein eigenes Verhältnis zum Erlebten und nach und nach eine eigene Position.
- in deren Elternhäusern bzw. Familien religiöse Bindungen und Beziehungen auf unterschiedliche Weise praktiziert werden. Sie lernen in der Kita, wie Menschen in klärendem Rollenverhalten von Nähe und Distanz gut und produktiv mit Unterschieden umgehen können, wie in einem Klima der gegenseitigen Akzeptanz religiöse Meinungsverschiedenheit und die Auseinandersetzung mit ihr gut aufgehoben sind.
- deren Eltern religiöser Praxis in der Kita ablehnend gegenüberstehen

und die Erfahrungen mit dieser Verschiedenheit machen: Trotz der offenkundigen Widersprüche im religiösen Verhalten, muss die Beziehung zu ihren vertrauten Personen nicht leiden.

Diese Konzeption des interreligiösen Lernens in authentischen Begegnungen stellt bestimmte Erwartungen an die Erziehenden: Da ist zum einen die Bereitschaft, die eigene Position in den Rollen von Nähe und Distanz zu zeigen.

Authentisch erzählen
Eine Erzieherin, die sich in ihrer religiösen Position noch gar nicht so sicher ist, wird aufgefordert, den Kindern Geschichten aus der Bibel nahezubringen. Mit den Jesuserzählungen wie der Kindersegnung oder der Geschichte von Zachäus hat sie keine Probleme, wohl aber mit der Ostergeschichte. Die Aufforderung, sie dann eben nur vorzulesen, lehnt sie ab. Ihr ist es wichtig, eine eigene Beziehung zu dieser Geschichte zu gewinnen, die ihr das Erzählen möglich macht.

Im Umgang mit religiösen Traditionen gilt es die personellen Zugehörigkeiten jeweils deutlich zu machen.

»Mein« und »Dein« deutlich machen
Das eine ist eine Geschichte aus der Bibel, sagt die Erzieherin, zeigt den Kindern das Buch, macht es als das Buch der Christen kenntlich, zu denen auch sie selbst gehört. Sie unterscheidet es vom Koran, dem Buch der Muslime. So lernen die Kinder immer besser ihre eigene Zuordnung zu »Mein« und »Dein«.

Es gilt schließlich für Möglichkeiten zu sorgen, dass Repräsentanten der für die Kinder relevanten Religionen in die Kita eingeladen bzw. an ihrem Wirkungsort besucht werden. Die beschriebenen Rollen von Nähe und Distanz begegnen uns damit auch auf der institutionellen Ebene wieder: Die Eingeladenen sind willkommene Gäste. Die Kinder gleicher Religion fühlen sich ihnen zugehörig; beim Besuch in der Moschee ist es für viele umgekehrt: Die Mitarbeitenden der christlichen Kita sind dort Gäste und die christlich orientierten Kinder fühlen sich dem zugehörig. Die Gästerolle zielt hier auf eine wechselseitige Einladungskultur, bei der sich alle in ihrem je verschiedenen religiösen Selbstverständnis akzeptiert und anerkannt fühlen dürfen. Es geht um das Zeigen des Eigenen ohne Vereinnahmung der anderen, um die Möglichkeit und Freiheit, Nähe und Distanz sichtbar zu machen.

Klare Rollen als Gastgeber und Gäste

Beim Besuch in Kirche oder Moschee werden alle freundlich begrüßt. Wer hier schon öfter war, sich in solchen Räumen gut auskennt, darf es sagen. Wem der Raum fremd ist, auch. Die Einladenden sind sich ihrer Rolle als Gastgeber bewusst, damit sich Personen mit Fremdheitsgefühl hier willkommen sehen. Die Gastgeberrolle zielt damit auf den achtsamen Umgang mit denen, die zu dem Geschehen mehr Distanz als Nähe mitbringen.

Tim erzählt seiner Tante, dass sie neulich in der Kita das Zuckerfest gefeiert haben. Die wundert sich, wie das zu einer Einrichtung in kirchlicher Trägerschaft passt. Darauf erklärt ihr Tim das genauer:

»Die Mütter von Afdal und Hamid und ein paar anderen Kindern haben uns alle zu ihrem Zuckerfest eingeladen. Aber weil sie zu Hause zu wenig Platz haben, haben wir es in der Kita gefeiert. Es war in unserer Kita, und wir waren gleichzeitig als Gäste bei ihnen eingeladen. Und es war sehr schön.«

Wo könnte die Wendung der Rollen von Nähe und Distanz zu denen von Gastgebern und Gästen sonst noch klärend zur Geltung kommen?

Die Grenzen dieses Begegnungskonzepts liegen zum einen in dem Anspruch an die Erziehenden, eigene religiöse Positionen und Einstellungen zum Ausdruck zu bringen, selbst zum Überliefertem mit eigener Überzeugung Stellung zu beziehen und darin auch ein Verhaltensmodell für die Kinder zu sein. Das erfordert viel persönliche Klärung. Traditionell wird solche Positionierung oft allein den konfessionellen Trägern zugeordnet. Doch im Sinne interreligiöser Begegnungserfahrungen sollte das für alle gelten.

Eine mögliche Grenze liegt auch in der Befürchtung, wenn neben den Gemeinsamkeiten auch religiöse Unterschiede ins Bewusstsein rückten, dann untergrabe dies Gefühle der Zusammengehörigkeit und unterstütze Ausgrenzungen. Da muss dann das Verständnis dafür erst noch wachsen, dass ein Bewusstsein für die Normalität von Unterschieden die Aufgabe einschließt, mit diesen Unterschieden pädagogisch zu arbeiten.

In der Perspektive einer dynamischen Entwicklung zwischen Selbst und Anderem lässt sich der Bildungsprozess so verstehen, dass Oppositionen zwischen Selbst und Anderem und zwischen dem Eigenen und dem Fremden ein gleichsam riskantes, aber notwendiges Moment im Bildungsprozess darstellen, das keineswegs als Endprodukt oder abschließendes Ziel aufgefasst werden darf ... Ziel ist ein solcher Umgang mit Differenz, der die Unterschiede nicht leugnet, sie aber auch nicht gegen die Gemeinsam-

keiten ausspielt und insofern ein positives und produktives Verhältnis zu Gemeinsamkeiten und Unterschieden gewinnen kann.[12]

Das Begegnungskonzept gibt der positiven Religionsfreiheit viel Raum und setzt sich damit auch dem Vorwurf ungerechtfertigter »Missionierung« aus. Dabei wird unterschlagen, dass es in der Klärung der Rollen von Nähe und Distanz um authentische Begegnungen und damit um die Selbstständigkeit in den je eigenen Glaubensüberzeugungen geht.

2.3.5 Zum religiösen Profil der Einrichtung: Religiös und nicht religiös gebundene Trägerschaft

Einrichtungen in kirchlicher Trägerschaft stehen in einer langen Tradition christlicher Glaubensunterweisung, der Hinführung zum christlichen Glauben und Beheimatung in ihm. Für sie sind das geforderte Denken in Bildungskompetenzen und das interreligiöse Lernen wichtige Anstöße zum Weiterentwickeln ihrer Konzeptionen: Was bedeutet der Umgang mit anderen Religionen, mit deren Präsenz im Kindergartenalltag, für das eigene Profil? Wie ist religiöses Lernen zu gestalten, das die Wege zum und im je eigenen Glauben ernst nimmt? Es geht darum, den Kindern und Eltern die Entscheidungsfreiheit in den beschriebenen Rollen von Nähe und Distanz zuzugestehen.

Religiös gebundene Träger haben im Gefüge der beschriebenen gesellschaftlichen Religiosität die Aufgabe, mit ihrer Sicht, ihrem Verständnis und ihren Überzeugungen die religiöse Dimension im Bildungsgeschehen zu gestalten. Es ist ihr Auftrag im weltanschaulich neutralen Staat, der dies selbst nicht leisten kann und darf. Es geht nicht um religiöse Vereinnahmung der Kinder, sondern um das Aufzeigen und Bewusstmachen religiöser Bezüge im Lebenszusammenhang – mit den eigenen Traditionen und Kompetenzen, zu denen die jeweiligen Religionsgemeinschaften reiche und anschauliche Zugänge haben. Und es geht darum, dass Kinder mit ihren eigenen Vorerfahrungen und Prägungen dazu in Beziehung treten können, um so auf ihrem Weg im und zum »eigenen Glauben« voranzukommen. Es ist das Zusammenspiel von Überliefertem in den Religionsgemeinschaften und dem Erleben glaubwürdiger Personen, die es vertreten, eigene Nähe und Distanz dazu und das dem entsprechende Rollenverhalten. In der so wachsenden Verhaltenssicherheit zeigt sich letztlich interreligiöse Kompetenz.

Für **kommunale Einrichtungen** ist die Präsenz unterschiedlicher Religionen Anlass und Aufforderung, sich auf religiöse Themen einzulassen. Aber mit objek-

---
12 Friedrich Schweitzer in: Interreligiöse Bildung und Erziehung, Bd. 1, S. 110.

tiven Informationen ist es nicht getan. Es geht vielmehr auch hier um Echtheit und Überzeugungskraft von Personen, die solche Zugänge erschließen können. In Einrichtungen ohne religiöse Trägerbindung kann das nur heißen, Personen einzubeziehen, die das für ihre je eigene religiöse Bindung leisten können.

Was ergibt sich daraus für die konzeptionellen Differenzierungen?
Die **Kita in nicht religiös gebundener Trägerschaft** ist der weltanschaulich neutrale Ort, aber mit viel Platz für interreligiösen Begegnungen, sei es durch Erziehende, die sich mit ihrer eigenen religiösen Haltung zeigen, sei es in Einladungen und Besuchen. Im Bild gesprochen: Sie ist die Bildergalerie ohne eigenen Bestand, die Begegnungen mit Kunst in wechselnden Ausstellungen ermöglicht.

Die **Kita in religiös gebundener Trägerschaft** ist dagegen der Raum, in dem das religiöse Profil des Trägers im alltäglichen Geschehen mit seinen religiösen Bezügen präsent ist, der aber zugleich Begegnungen mit kompetenten anderen Vertretern religiöser Traditionen braucht. Im Bild gesprochen: Sie ist die Galerie mit eigenem Bestand, die zugleich aber auch Zonen für Wechselausstellungen frei hält, Zonen für Einladungen und Besuche.

Vielleicht sind künftig auch interreligiöse Kooperationen möglich, bei denen religionsverschiedene Einrichtungen Begegnungspartnerschaften entwickeln, »Tür an Tür« wohnen, wie es z. B. in Modellen ökumenischer Partnerschaft im Religionsunterricht erprobt wird.

Jede der vorgestellten Konzeptionen hat ihre Chancen und Grenzen. Welche Vorzüge sich in der jeweiligen Situation am besten nutzen lassen, welche Nachteile minimiert werden können, das muss sich in den örtlichen Konzeptionsgesprächen zeigen.

Im Teamgespräch zur Konzeption für das interreligiöse Bildungsgeschehen äußern die Beteiligten zunächst eigene Überzeugungen, die sie gern einbringen möchten. Dabei treten Präferenzen für die eine oder andere der vorgestellten Konzeptionen ins Blickfeld. Was passt da möglicherweise schon zusammen?

Teamgespräch zur interreligiösen Konzeption
- »Es kommt doch immer entscheidend auf die persönliche Haltung an: Beim Reden habe ich Hemmungen; mein Glaube spricht besser durch meine Beziehungen zu den Kindern und Eltern. Es geht um die einladende Atmosphäre für Eltern und Kinder aller Kulturen und Religionen.«
- »Wir sind einladend für alle, und wir haben einen Blick dafür, wo im Alltäglichen Religiöses aufscheint: bei Erlebnissen in der Natur und dem Staunen über sie; wenn wir mit einem Kind über den Tod seines Haustiers reden

usw. Das ist ›Religion‹, bei der es keine Unterschiede zwischen den Religionen gibt.«
- »Auf dieser Linie möchte ich weiterdenken: Wir können uns ja auch dem Gemeinsamen in den offiziellen Religionen zuwenden, z. B. bei den Geschichten in Bibel und Koran. Da gibt es sicher manches zu entdecken. Wir verzichten alle auf Schweinefleisch, das erspart viele Auseinandersetzungen und Ärger.«
- »Wir sollten uns aber auch dem Unterscheidbaren in den Religionen zuwenden. Die Kinder fragen danach und wir sollten ihnen keine Antworten schuldig bleiben. Wenn wir das so tun, dass es nicht um den persönlichen Glauben geht, nicht um Mitmachen, sondern nur ums Kennenlernen, Vergleichen und Verstehen, und wenn wir dabei keine Religion bevorzugen, dann kann uns niemand einseitige Beeinflussung vorwerfen.«
- »Also, ich kann mir nicht vorstellen, wie wir auf all das, was das Religiöse in unserer Einrichtung – das Singen von Liedern, das Tischgebet, das Feiern der Feste – so anschaulich und lebendig macht, einfach verzichten sollten. Wir brauchen Wege, auf denen Kinder sowohl ins religiöse Geschehen eintauchen als auch sich davon distanzieren können. Und das muss so geschehen, dass sich niemand überrumpelt und niemand ausgeschlossen fühlen muss. Ob uns das gelingt?«
- »Wir in unserer kommunalen Einrichtung haben sehr kritische Eltern, die sofort misstrauisch werden, wenn wir etwas Religiöses machen. Die müssen wir überzeugen können, dass wir keine Werbung für die Kirche machen.«
- »Und wir in der kirchlichen Einrichtung sollten dazu stehen, dass wir mit der kirchlichen Trägerschaft auch Teil der Gemeinde sind. Das dürfen wir nicht verschweigen, so als ob uns das unangenehm wäre. Das muss ja noch lange nicht ›Missionierung‹ sein. Wir zeigen den Kindern, wie wir selbst auch kritisch mit unserem Glauben umgehen, wie wir unsere Fragen stellen und selbst oft keine Antworten parat haben, und wie wir Begegnungen mit Personen anderer Religionen suchen und dabei selbst viel lernen. Können wir das unserem Kirchenvorstand verständlich machen?«

In welchen dieser Argumente finden Sie sich ganz oder teilweise wieder?
Welche der vorgestellten Konzeptionen passen zu Ihren Argumenten?
Welche Argumente würden Sie gern zu diesem Gespräch beisteuern?

Mit den eigenen Meinungen der Beteiligten lassen sich nun genauer die vorgestellten Konzeptionen überprüfen, ob und wie sie – auch in Kombinationen – für die eigene Einrichtung passen könnten.

- *Wo finden Sie in den vorangegangenen Abschnitten Antworten auf die bedachten Herausforderungen und Aufgaben?*
- *Was müsste noch genauer reflektiert und geklärt werden?*

In den vorangegangenen Abschnitten ging es immer wieder um die Aufgabe der Konfessionen und Religionsgemeinschaften, sich mit ihrem eigenen Selbstverständnis und den eigenen Traditionen in das interreligiöse Bildungsgeschehen einzubringen.

Wir fragen nun weiter, inwiefern die interreligiöse Verständigung in den religiösen Traditionen selbst verankert ist, und wenden uns dabei dem christlichen Glaubensverständnis zu.

> **Info: Stellungnahmen aus Judentum und Islam**
> Rachel Herweg: Religiöse und kulturelle Unterschiedlichkeit als pädagogische Herausforderung im Elementarbereich. Eine jüdische Perspektive
> Rabeya Müller: Religiöse Differenzwahrnehmung im Kindesalter. Eine islamische Perspektive[13]

---

13 Beide Beiträge in: Interreligiöse und interkulturelle Bildung, Bd. 1, S. 39 ff. und 51 ff.

3 Die eine Wahrheit in der Vielfalt der Religionen

Das erste Kapitel ging vom Zusammenhang multikultureller und -religiöser Vielfalt aus, samt den damit verbundenen Aufgaben, in der modernen Gesellschaft ein gerechtes Miteinander aller Beteiligten zu fördern. Bildungsherausforderungen zielen darauf, wertschätzende Umgangsweisen mit dieser Vielfalt zu pflegen – sei es im verbindenden Gemeinsamen, sei es im gegenseitigen Akzeptieren des Unterscheidenden. Dabei war noch nicht im Blick, ob und wie die religiöse Vielfalt und der Umgang mit ihr im Selbstverständnis der Religionsgemeinschaften angelegt sind.

Das zweite Kapitel führte über Beobachtungen zur differenzierten religiösen »Landschaft« in unserer Gesellschaft und das Spannungsfeld zwischen gesellschaftlicher, überlieferter und individueller Religiosität zu interreligiösen Konzeptionen. Inwiefern werden sie dem religiösen Erscheinungsbild gerecht? Noch nicht im Blick war dabei, wie sich die Religionsgemeinschaften mit ihren Überlieferungen selbst als Teil dieser »Landschaft« verstehen.

Diese noch zu klärenden Fragen zielen auf die Bereitschaft der theologisch Verantwortlichen, sich auf Verständigung innerhalb der religiösen Vielfalt einzulassen – nicht nur zwischen den tradierten Religionen, sondern auch im Verhältnis und Gegenüber zu kritisch-distanzierter Religiosität bis hin zu deutlicher Ablehnung von Religion überhaupt.

In diesem dritten Kapitel geht es also um das Selbstverständnis von Glaubensgemeinschaften angesichts religiöser Vielfalt. Das wird nicht von einem Standpunkt *über* den Religionen verfolgt, sondern aus einer Position *mitten in* ihnen – in diesem Fall aus der Sicht des christlichen Glaubens. Leitend ist dabei die Frage: Welche Zugänge zur interreligiösen Verständigung bietet der christliche Glaube mit seinen theologischen Überlieferungen und Entwicklungen an? Wie lässt sich die Offenheit für den religiösen Dialog von seinem Selbstverständnis her begründen? Wie sehr solcher Dialog dann sowohl den Blick auf gelebte Frömmigkeit in anderen Religionen schärft als auch zur Vergewisserung im eigenen Glauben herausfordert, wird an Beispielen zum christlich-islamischen Dialog veranschaulicht.

3.1 Missionsauftrag und Toleranzgebot

Religiöse Traditionen werden heutzutage mehr denn je daran gemessen, wie toleranzfähig sie sich zeigen.

> **Missionsauftrag und Toleranzgebot in der Kita**
> In einem evangelischen Kindergarten kommt es bei den Überlegungen zum christlichen Profil auch zu Fragen nach dem angemessenen Umgang mit anderen religiösen Traditionen.
> Von einigen Teammitgliedern wird auf den christlichen Missionsauftrag verwiesen: »Geht hin und macht alle Völker zu Jüngern. Tauft sie auf den Namen des Vaters, des Sohnes und des Heiligen Geistes« (Matthäus 28,16). Das löst bei anderen Kopfzerbrechen aus: »Wo bleiben da die interreligiösen Bildungsziele, mit denen wir bei den Kindern und Eltern religiöse Toleranz fördern wollen? Wie passt beides zusammen?«
> »Was in der Bibel steht, muss für uns doch verpflichtend sein!«, meinen die ersten.
> »Damit kommen wir nicht zurecht«, erwidern die anderen. »Für uns ist wichtig, dass jeder seinen Glauben leben darf!«
> »Und wenn das nicht zusammenpasst?« Diese Frage löst zunächst Ratlosigkeit aus. »Dann lassen wir das einfach so stehen«, antworten die einen.
> »Aber damit ist das Problem doch nicht gelöst«, wirft jemand ein. »Wir winden uns damit bloß zwischen kirchlichem Auftrag und dessen Vermeiden hin und her. Toleranz soll doch eigentlich mehr sein als dieses Sich-Drücken um klare Antworten und Positionen!«
>
> *Haben Sie solche Fragestellungen und Diskussionen auch schon beschäftigt?*
> *Kam es dabei zu Gesprächen im Team?*
> *Haben sich Lösungen abgezeichnet?*

›Missionierung‹ heißt für viele, anderen die eigene religiöse Meinung aufzudrängen, weil sie allein als richtig und überzeugend zu gelten hat. ›Missionierung‹ wird dabei mit dem Bewusstsein der Überlegenheit und Machtausübung in Verbindung gebracht. Der Verzicht auf solches Missionieren bedeutet dann, anderen ihre Meinung zu lassen, sie nicht ändern oder irgendwie beeinflussen zu wollen. Das wird als Toleranz verstanden. Aber was ist religiöse Toleranz eigentlich? Kann sie nur im Widerspruch zum christlichen Missionsauftrag verstanden werden?

> **Info: Passive und aktive Toleranz**
> Toleranz ist im ursprünglichen Wortsinn »Duldsamkeit« im Sinne der Bereitschaft, Spannungen und Widersprüche zu anderen Meinungen und Überzeugungen zu ertragen. Dazu gehört die Gleichberechtigung, die anderen zugesteht, was man für sich selbst in Anspruch nimmt. Solches Ertragen kann allerdings sowohl als ein aktives als auch ein passives verstanden und praktiziert werden.
>
> **Passive Toleranz** lässt Widersprüche stehen, findet sich mit ihnen ab, sieht auch keinen Sinn darin, sich auf Auseinandersetzungen mit anderen Meinungen und Personen einzulassen. »Jeder soll nach seiner Façon selig werden«, dieser Satz Friedrichs des Großen ist die angemessene Haltung einer weltanschaulich neutralen Obrigkeit, die sich in religiöse Auseinandersetzungen nicht einmischt. Aber ins gesellschaftliche Miteinander weitergedacht, führt dies zum Abdrängen religiöser Einstellungen ins Private. Bei Privatangelegenheiten anderer hält man sich besser heraus. Verschiedene Arten zu glauben sind dann kein öffentlich relevantes Gesprächsthema, bei dem Klärungen erwartet werden.
>
> **Aktive Toleranz** geht weiter. Das Recht auf persönlich verantwortete Glaubensüberzeugung wird akzeptiert, aber zugleich wird auch die Auseinandersetzung mit anderen gesucht und gepflegt. In ihr geht es im Zeichen des Aufeinander-Hörens und Voneinander-Lernens darum, die Möglichkeiten des Verständnisses füreinander so weit wie möglich auszuloten, auch dessen Grenzen ehrlich zu benennen. Man will gemeinsam unterwegs zu sein – ohne das Ziel verfolgen zu müssen, andere vom Eigenen überzeugen und zu ihm bekehren zu wollen. ›Missionierung‹ als Auftrag, den eigenen Glaubens zu vertreten, heißt dann, das Eigene überzeugend darzustellen – und zugleich dem Gegenüber den Umgang damit freizustellen. Das schließt umgekehrt auch ein, dasselbe für sich selbst in Anspruch zu nehmen. Aktive Toleranz ist ein Ringen um Unterschiede und Gemeinsamkeiten, das den anderen in seinen Ansichten und Überzeugungen ernst nimmt.

Mit diesen Klärungen lässt sich die entscheidende Frage weiter verfolgen: Wo eröffnet sich im christlichen Glauben, in seinem eigenen Verständnis, d. h. in dem, was seine Überlieferungen bestimmt, die Möglichkeit zur aktiven Toleranz?

3.2 Exklusivismus – Der Glaube an den einen Gott als Zusammenschau des Verschiedenen

Biblische Aussagen sprechen zunächst eine deutliche Sprache. An exklusiven, ausschließend verstehbaren Formulierungen ist kein Mangel.

Jesus spricht: Ich bin der Weg und die Wahrheit und das Leben; niemand kommt zum Vater denn durch mich (Joh.14,6).
... Und er sprach zu ihnen: Gehet hin in alle Welt und predigt das Evangelium aller Kreatur. Wer da glaubt und getauft wird, der wird selig werden; wer aber nicht glaubt, der wird verdammt werden (Markus 16,15 f.).
... In keinem andern ist das Heil, auch ist kein andrer Name unter dem Himmel den Menschen gegeben, durch den wir sollen selig werden (Apg. 4,12).

In solchen Sätzen ist vom Verständnis für andere Religionen wenig zu spüren. Wie passen sie zur Aufgabe, die interreligiöse Gesprächsfähigkeit zu fördern?

Wie mit Exklusivaussagen der Bibel umgehen?
Verfolgen wir das Teamgespräch weiter, das nun um das angemessene Verständnis biblischer Texte kreist.

»In der Bibel ist es doch deutlich formuliert: Der Glaube an Jesus Christus ist der einzige Weg zu Gott. Das schließt alle anderen aus. Das gilt es als Christ zu vertreten.«

»Mir ist wichtig, in Glaubensfragen nicht gleich für alle anderen mit zu sprechen, sondern nur für mich selbst: Gott wird für mich nicht zugänglich ohne Jesus Christus. Daran möchte ich festhalten.«

»Das hat auch damit zu tun, dass ich in diesem Glauben aufgewachsen bin und Menschen gefunden habe, die mir das gezeigt haben. Wenn ich in Kairo oder Istanbul oder in Saudi-Arabien aufgewachsen wäre, hätten mir ganz andere Menschen einen anderen Glauben gezeigt. Könnte ich denen das vorwerfen?«

»Und außerdem hat es zu der Zeit, in der die Schriften des Neuen Testaments entstanden, den Islam überhaupt noch gar nicht gegeben. Der kam doch erst im 7. Jh. nach Christi Geburt. Da kann also in den biblischen Texten noch gar nichts mit Bezug auf den Islam geschrieben worden sein.«

»Wenn wir ans Judentum denken, dazu finden wir im Neuen Testament eine sehr ausführliche Auseinandersetzung, in den zurückliegenden Jahrzehnten auch intensive theologische Gespräche zwischen Christen und Juden.«

3.2 Exklusivismus – Der Glaube an den einen Gott

»Gott als Schöpfer der Welt ist doch für alle Menschen da. Warum hat er wohl verschiedene Religionen entstehen lassen? Was hatte er wohl damit im Sinn, dass Menschen in verschiedenen Religionen an ihn glauben?«

»Juden, Christen und Moslems glauben an den einen Gott. Aber wer von ihnen hat recht?«

»Wenn wir diese Fragen ernst nehmen, können wir viele Aussagen der Bibel wohl nicht mehr so wortwörtlich verstehen. Wir müssten überlegen, was sie auch für spätere Zeit und vor allem für unsere bedeuten.«

»Aber verwässern wir damit nicht die Klarheit der Aussagen unseres Glaubens?«

Wo finden Sie sich mit eigenen Überlegungen wieder?
Mit welchen solcher Gedanken haben Sie sich auch schon beschäftigt?

Wenn christlicher Glaube zu einem exklusiven Verständnis drängt, das andere Überzeugungen ausschließt, sind davon diejenigen betroffen, die
– überhaupt nicht an Gott glauben?
– nicht an den einen Gott glauben?
– nicht an Jesus Christus glauben?
– nicht Mitglied der Kirche sind (»außerhalb der Kirche gibt es kein Heil«)?

Wie eng ist Exklusivität zu verstehen? Je enger sie gefasst wird, desto schärfer wird die Abgrenzung und desto bestimmter wird der eigene Glaube mit – sicherlich oft auch gut gemeinten – Besitz- und Machtansprüchen anderen gegenüber verbunden. Die abendländische Religionsgeschichte zeigt uns eine Fülle von Beispielen, wie solche Machtansprüche über die Ausgrenzung Andersdenkender bis zu deren Verfolgung geführt haben. Dies wurde immer wieder so begründet: Wenn es nur einen Gott gibt und der für die eigene Religion oder Konfession exklusiv in Anspruch genommen werden darf, kann ein entsprechender Anspruch der anderen nur falsch sein und muss deshalb gegebenenfalls mit allen Mitteln bekämpft werden. Gerade die monotheistischen Weltreligionen Christentum und Islam haben diese Exklusivität oft so stark betrieben, dass viele der Meinung sind, Monotheismus sei von seinem Wesen her nicht toleranzfähig: Das »nur ein Gott« verführe ständig dazu, dieses »nur der eine« im Sinne »nur das eigene« weiterzuverfolgen.

Was führt aus dieser Sackgasse des Glaubens an nur einen Gott heraus? Muss es bei den exklusiven Ausgrenzungen aller anderen bleiben?

Kinder denken über den einen Gott nach

Interviewsequenz aus einem Kindergarten mit Daniele (christlich, 5 Jahre):
I: Und meinst du, der Gott von dem Dursum – ist das der gleiche wie deiner oder ist das ein anderer?
D: Anderer. Glaub ich.
I: Ein anderer? Okay, und wo ist der andere Gott?
D: Auch im Himmel.
I: Auch im Himmel?
D: Ha, nein! Es gibt nur einen Gott!
I: Es gibt nur einen?
D: Ja.
I: Und wo ist dann der vom Dursum?
D: Der ist der Gott von uns allen. Glaub ich.[1]

Beachtenswert ist die Wendung im Urteil von Daniele: Dursums Gott ist zuerst ein anderer, aber der monotheistische Anspruch lässt das nicht zu. Das Ergebnis ist aber kein Ausschluss des anderen Gottes, sondern im Gegenteil die Integration von beiden.

Es gibt neben der ausgrenzenden Tendenz, den Monotheismus zu verstehen, auch eine andere Richtung. Exklusiv kann auch die Bedeutung von »herausragend, einzigartig« haben. Die Absolutheit des einen und einzigartigen Gottes hebt ihn damit zugleich von allen menschlichen Versuchen ab, ihn für sich allein in Beschlag zu nehmen. Gott bleibt transzendent, d. h. unergründlich in seinem Wesen, unerklärbar und damit dem menschlichen und vereinnahmenden Zugriff entzogen.

Biblischer Glaube ist überzeugt:
… Gott ist transzendent.
… Er ist mit nichts in der Welt identisch.
… Er ist nur begrenzt erkennbar.
… Intoleranz hält dagegen
… Unerkennbares für erkennbar,
… Bedingtes für unbedingt,
… Relatives für absolut.
… Gott aber ist transzendent.[2]

---

1 Aus: Interreligiöse und interkulturelle Bildung im Kindesalter, Bd. 1, S. 168.
2 Gerd Theißen: Glaubenssätze. Ein kritischer Katechismus, 3. Auflage, Gütersloh 2013, S. 144.

Wenn Gott sich Menschen zu erkennen gibt, wie es in der Hebräischen Bibel, dem Alten Testament, vielfach erzählt wird, wie es Christen in Jesus Christus wahrnehmen und Muslime in Gottes Offenbarung an Mohammed, dann tritt Gott zwar in die Welt der menschlichen Wahrnehmungen und Vorstellungen ein, geht aber nicht in ihnen auf. Das gebietet, überlieferte Gottesoffenbarungen in Bibel und Koran ernstzunehmen, weil es die Offenbarungen des einen Gottes sind. Warum sich Gott in seiner Offenbarungsgeschichte den Menschen auf so vielfältige Weise als der eine Gott gezeigt hat, das bleibt sein Geheimnis.

Info: Monotheistische Offenbarungstraditionen

Haftpunkt der jüdischen Offenbarungstradition
Offenbarung Gottes an Mose im brennenden Dornbusch: »Ich bin der Gott deines Vaters, der Gott Abrahams, der Gott Isaaks und der Gott Jakobs … Ich habe das Elend meines Volks in Ägypten gesehen und ihr Geschrei über ihre Bedränger gehört … Und ich bin herniedergefahren, dass ich sie errette aus der Ägypter Hand und sie herausführe aus diesem Lande in ein gutes und weites Land … So geh nun hin, ich will dich zum Pharao senden, damit du mein Volk, die Israeliten, aus Ägypten führst.« (2. Mose 3,7 f.)

Haftpunkte der christlichen Offenbarungstradition
Taufe Jesu: Als Jesus aus dem Wasser stieg, sah er, dass sich der Himmel auftat und der Geist wie eine Taube herabkam auf ihn. Und da geschah eine Stimme vom Himmel: Du bist mein lieber Sohn, an dir habe ich Wohlgefallen. (Markus 1,10 f.)
Verklärung Christi: Und nach sechs Tagen nahm Jesus mit sich Petrus, Jakobus und Johannes und führte sie auf einen hohen Berg, nur sie allein. Und er wurde vor ihnen verklärt; und seine Kleider wurden hell und sehr weiß, wie sie kein Bleicher auf Erden so weiß machen kann. Und es erschien ihnen Elia mit Mose und sie redeten mit Jesus. Und Petrus fing an und sprach zu Jesus: Rabbi, hier ist für uns gut sein. Wir wollen drei Hütten bauen, dir eine, Mose eine und Elia eine. Er wusste aber nicht, was er redete; denn sie waren ganz verstört. Und es kam eine Wolke, die überschattete sie. Und eine Stimme geschah aus der Wolke: Das ist mein lieber Sohn; den sollt ihr hören! (Markus 9,1 ff.)
Auferstehung Christi: Der Engel sprach zu ihnen (den Frauen): Entsetzt euch nicht! Ihr sucht Jesus von Nazareth, den Gekreuzigten. Er ist auferstanden, er ist nicht hier … er wird vor euch hingehen nach Galiläa; dort werdet ihr ihn sehen. (Markus 6 f.).

Haftpunkt der islamischen Offenbarungstradition
In der Biographie von Ibu Ishak wird das Berufungserlebnis Mohammeds so berichtet:

Während Mohammed im Monat Ramadan in einer Höhle bei Mekka, in die er sich zurückgezogen hatte, schlief, erschien ihm der Engel Gabriel mit einem beschriebenen Seidentuch und forderte ihn auf, zu lesen. Als er sich diesem Befehl mit der Bemerkung »Ich kann nicht« verweigerte, drückte ihn der Engel so in das Tuch, dass er beinahe erstickte. Der Engel ließ ihn los und wiederholte seine Aufforderung, der Mohammed wieder auf die gleiche Weise antwortete. Beim dritten Mal fragte er den Engel, was er lesen solle. Da sprach Gabriel die ersten fünf Sätze der 96. Sure des Koran:

»Lies im Namen deines Herrn, der erschaffen hat. Er erschuf den Menschen aus einem Blutklumpen. Lies, denn dein Herr ist gnädig. Er lehrte den Menschen mit dem Schreibrohr, was er zuvor nicht wusste ...«[3]

Was ist das Gemeinsame in diesen Offenbarungsberichten?
Wie wird jeweils die geheimnisvolle Jenseitigkeit Gottes zum Ausdruck gebracht?

Diese Offenbarungsereignisse setzen Akzente, die für das Selbstverständnis der Religionen wesentlich sind: im Judentum die Befreiung aus Unterdrückung und Sklaverei und die Autorität des Mose als Wegweiser und Gesetzgeber; im Christentum die göttliche Autorität und Vollmacht Jesu; im Islam die Autorität des Koran als Gotteswort, dessen Lesung als Herzstück des Glaubens.

Warum hat Gott gewollt, dass es verschiedene Religionen gibt? Die Antworten darauf bleiben uns verwehrt. Das gilt aber nicht für das Bedenken, wie die Botschaft des einen Gottes in der Vielfalt menschlicher Lebensbedingungen eben auch sehr unterschiedliche Gestalt angenommen hat. In diesen Gestalten ist die Grundbotschaft des Glaubens an den einen Gott für die Menschen anschaulich, verständlich und überzeugend geworden. Jede Glaubensgemeinschaft mit ihrer je eigenen Traditionsgeschichte zeichnet den ihr zugehörigen Menschen den Weg des Glaubens an den einen Gott vor. Die Einzigkeit und Absolutheit Gottes begründet damit zugleich die verschiedenen Weisen, an ihn zu glauben. Die Wahrheit des einen Gottes wird in den menschlichen Botschaften von ihm zur Vielfalt. Nur so können Menschen diese Botschaft hören

---

3 in: Lamya Kaddor/Rabeya Müller: Der Islam für Kinder und Erwachsene, München 2012, S. 69 f.

und mit ihr leben. Wenn Botschaften von der einen Wahrheit mit der Wahrheit selbst in eins gesetzt wird, verkommt der Exklusivismus des Monotheismus zum fundamentalistischen Anspruch, der alle anderen Botschaften des einen Gottes ausschließt. Umgekehrt gilt aber auch: Wer nur die Vielfalt dieser Botschaften sieht, wird dem Wahrheitsanspruch und der Verbindlichkeit des Glaubens an den einen Gott nicht gerecht.

> *Die Gottesbilder sind verschieden,*
> *... doch offenbart sich in ihnen derselbe Gott:*
> *... In allen drei Religionen*
> *... ist Gott der Schöpfer der Welt.*
> *... In allen drei Religionen*
> *... fordert er vom Menschen Verantwortung.*
> *... In allen drei Religionen ist er barmherzig und gnädig,*
> *... wenn Menschen sich verfehlen.*
> *... Kreaturbewusstsein, Verantwortung und Geborgenheit*
> *... bestimmen alle drei biblischen Religionen.*[4]

3.3 Bibeltexte in der Spannung zwischen Exklusivität und Situationsbezug

So gilt es denn auch in den Texten der Bibel jeweils zweierlei zu lesen: zum einen das Bekenntnis zu dem einen Gott, zum anderen Überlieferungen von ihm in vielfältiger Gestalt als kulturell und geschichtlich unterschiedliche menschliche Bekenntnisse zu diesem einen Gott. Biblische Aussagen können so in einem ganz neuen Licht erscheinen. Sie müssen nicht mehr als allgemeingültige und zeitlose Wahrheiten für alle verstanden werden, sondern sie können als Wahrheiten gesehen werden, mit denen Menschen in der Gemeinschaft der gleichen Überlieferungsgeschichte und in ihren jeweiligen Lebenssituationen ihren Glauben gestalteten. Sie erscheinen so als Bekenntnisse und als Lobpreis Gottes, die in eine bestimmte Zeit hinein gesprochen wurden, und die auch später immer wieder in konkreten Lebenssituationen ihre Aussagekraft entfalteten. Der Satz »Ich bin der Weg, die Wahrheit und das Leben« (Joh.14,6) könnte dann etwa heißen: Christen, denen zur Zeit der Entstehung des Johannesevangeliums eine philosophische Erlösungslehre verlockend erschien, die ohne den Menschen

---
4   Gerd Theißen: Glaubenssätze, S. 139.

Jesus auskam, wurde ins Stammbuch geschrieben: Es gibt für Christen, d. h. für diejenigen, denen die Offenbarung des einen Gottes in Jesus Christus zu ihrem Glaubensweg wurde, keinen Weg zu Gott ohne das Bekenntnis zu dem irdischen und auferstandenen Jesus Christus.

Elia-Erzählung und Kolosser-Hymnus

An zwei Beispielen lässt sich zeigen, was den eigenen Glaubensweg gegenüber anderen Wegen bestimmt und wie er in die jeweilige Glaubensgeschichte eingebettet ist.

In der **Geschichte von Elia** und seiner Auseinandersetzung mit den Baalspriestern (1. Könige 18) geht es darum, was es heißt, in einer herausfordernden Situation dem eigenen Glauben treu zu bleiben. Das zweite Beispiel, der neutestamentliche **Christushymnus** (Kolosser 1) zeigt, wie Bekenntnisse mit universaler Reichweite von solch einer Situation der konkreten Herausforderung her zu lesen und zu verstehen sind.

Freie Nacherzählung der Elia-Geschichte

Als Bauer Jakob am Morgen aufwacht, begrüßt ihn strahlender Sonnenschein. Aber Jakob kann sich darüber überhaupt nicht freuen. Seit Monaten hat es nicht mehr geregnet. Bald darauf macht er sich auf den Weg. Die Sonne brennt vom Himmel wie schon all die vielen Tage vorher. Er kommt an seinen Feldern vorbei und muss traurig feststellen, dass jetzt auch die letzten Halme vertrocknet sind und am Boden liegen. Und er betet: »Mein Gott, so kann es doch nicht weitergehen! Was sollen wir denn noch ernten, wenn alles verdorrt ist? Wenn unsere Brunnen ganz leer sind, was ist dann? Guter Gott, schick uns endlich Regen!« So murmelt er vor sich hin. Bald hat er sein Ziel erreicht. Es ist das Haus, in dem er sich mit Freunden trifft, um mit ihnen zu beraten, wie es denn nun weitergehen soll.

Die anderen sind schon da und erzählen ebenfalls von ihren erschreckenden Beobachtungen auf den Feldern. Da meint Sebulon: »Also, wir sollten auch mal überlegen, ob wir mit unseren Wünschen nach Regen zum richtigen Gott beten.« Die anderen schauen ihn erstaunt an und Ruben antwortet: »Was sagst du da? Wir beten zu unserem Gott, der unsere Stammeltern Abraham und Sara und später Mose und unsere Vorfahren sicher durch die Wüste geführt hat.« – »Das ist ja das Problem«, meint Sebulon. »Unser Gott ist ein guter Wegbegleiter-Gott, vor allem in der Wüste. Aber ist er denn auch gut für unsere Äcker und Felder und für den Regen? Ich habe meinen Nachbarn Esbaal mitgebracht, der kann uns dazu Wichtiges sagen.«

Esbaal steht auf, räuspert sich und sagt: »Wie ihr wisst, leben meine Vorfahren schon lange, lange in diesem Land. Und sie haben kennengelernt, wie man hier den Gott Baal verehrt. Baal ist ein Gott, der für das Wachstum der Pflanzen zuständig ist und deshalb auch für den Regen. Wir sollten jetzt lieber zu Baal beten und ihn um Regen bitten. In der Not muss man alles probieren!« Jakob erschrickt. Kann man das tun? Zu dem eigenen Gott beten und dann, wenn es nicht hilft, zu einem anderen? Kann man dann noch ehrlich an den einen und eigenen Gott glauben, wenn man gleichzeitig zu einem anderen betet?

Jakob braucht jetzt einen Rat, deshalb macht er sich auf den Weg und geht zum Prophet Elia. Das ist der Bote und Verkünder des einen Gottes in seinem Land Israel. Elia ist immer viel unterwegs. Aber Jakob hat Glück und findet ihn auf einem Berg, den er gut kennt. Es ist der Ort, an dem Menschen zusammenkommen, um den Gott Baal zu verehren, Gebete an ihn zu richten und ihm Opfergaben zu bringen. Er hört schon von Ferne eine kräftige Stimme: Ja, das ist die Stimme des Elia. Je näher er kommt, umso besser kann er sie verstehen. »Meine Brüder und Schwestern, die wir uns die Kinder Abrahams und Saras nennen, denkt an den Bund, den Gott mit uns geschlossen hat. Und denkt an die Gebote, die Mose uns von Gott gebracht hat. Da steht es doch ganz am Anfang: Du sollst keine anderen Götter neben mir haben.«

»Aber unser Gott hat doch jetzt bei der Sorge um Regen versagt«, ruft einer dazwischen. Elia erwidert: »Du solltest besser sagen: Wir haben das Vertrauen auf unseren Gott aufgegeben. Unser Gott und Baal, das passt nicht zusammen. Entweder – oder! Ihr könnt euch nicht einmal nach der einen Seite und dann nach der anderen zum Gebet verneigen. Lasst uns auf unseren Gott vertrauen und durchhalten in der Hoffnung auf ihn!« Ein anderer ruft dazwischen: »Und was gibt es für einen Grund zu solcher Hoffnung?« Da berichtet Elia: »Als ich neulich im Dorf Zarpat eine arme Frau besuchte, die nichts mehr zum Essen hatte, da hat mir unser Gott gezeigt, wie ich ihr helfen kann. Da habe ich auf wunderbare Weise einen Topf voll Mehl und einen Krug mit gutem Wasser gefunden. Lasst uns deshalb nicht nachlassen, unseren Gott um Hilfe zu bitten, nur ihn!«

Immer mehr Menschen sind inzwischen dazugekommen und hören Elia aufmerksam zu. Auch Boten des Königs sind dabei. Einer von ihnen meint: »Einen einzelnen Menschen vor dem Verhungern zu retten, das ist das eine. Aber dass wir alle zu verhungern drohen, das ist das andere. Elia, wie weit reicht denn da dein Vertrauen und wo sind denn die Zeichen der Hoffnung?« Elia macht eine Pause, alle warten gespannt auf seine Antwort. Und dann sagt er ruhig und bedächtig: So wie die Frau in Zarpat ein Zeichen von Gott bekam, so wird Gott auch uns heute ein Zeichen schicken. Vom Meer her wird uns eine Wolke den ersehnten Regen ankündigen. Alle blicken angestrengt zum Meer hin. Tatsächlich, da steht eine kleine weiße Wolke am Himmel. Einige meinen spöttisch: »Und die soll uns Regen bringen? Das ist doch ein Witz! Lasst uns lieber hier zu Baal beten!« Aber Elia betet laut zu seinem Gott.

Als Jakob nach Hause geht, da schwirren ihm viele Gedanken durch den Kopf. Wer hat wohl recht, Elia oder diejenigen, die zu Baal beten? Und wie ist das mit dem Vertrauen und den Zeichen der Hoffnung? Und was meint Elia mit der Wolke? Als Jakob am nächsten Tag aufwacht, scheint die Sonne nicht ins Zimmer herein. Er springt sofort von seiner Schlafmatte auf, rennt vor das Haus und schaut in die Richtung, wo das Meer ist: Aus der kleinen weißen Wolke sind dicke, dunkle Regenwolken geworden. »Elia hat recht gehabt«, murmelt er vor sich hin und betet, so ähnlich wie Elia gebetet hat, und doch auch anders.

Gesprächsanregungen für Kinder (und Erwachsene):
- *Was meinst du, was Jakob jetzt zu Gott gebetet hat?*
- *Ist es sinnvoll, richtig und gut, den Glauben an Gott zu wechseln, wenn es schwierig wird?*
- *Wie lange reichen Vertrauen und Hoffnung auf einen Gott? Können sie irgendwann auch zu Ende gehen?*

Der Theologe Karl-Josef Kuschel hat den Situationsbezug des neutestamentlichen Bekenntnisses am Christushymnus aus Kolosser 1 verdeutlicht. In der Zeit der Verfolgung formuliert die Gemeinde ihr Bekenntnis zu Jesus Christus in atemberaubender Weite:

Denn in ihm (Christus) wurde alles erschaffen, was im Himmel und auf Erden ist, das Sichtbare und das Unsichtbare, Throne und Herrschaften, Mächte und Gewalten; alles ist durch ihn und auf ihn hin geschaffen. Er ist vor aller Schöpfung, in ihm hat alles Bestand. (Kolosser 1,16 f.)

Diese universale Weite stellt die Gemeinde den anderen, alltäglichen, bedrückenden Erfahrungen des Klein-gemacht-Werdens entgegen. Sie sucht in diesem Bekenntnis und diesem weit öffnenden Lobpreis Trost, Zuspruch, Hoffnung, Perspektive. Diese Aufgabe der Vergewisserung im eigenen Glauben, diese Dynamik zwischen dem bedrohten eigenen Standort und hoffnungsvoller Weite darf vom Text des Bekenntnisses nicht abgelöst werden, ohne seinen Sinn zu verfälschen. Es gilt also, Aussagen unseres christlichen Glaubens immer wieder in ihrem Ursprung zu verorten. In Bekenntnisaussagen verdeutlichen Menschen mit hohem Anspruch und weitem Blick, was ihnen Glaube in der Situation, in der sie leben, bedeutet. Es gilt also den je zeitgebundenen Standort der biblischen Autoren zu sehen, von dem aus Zuversicht und Hoffnung ihre Kreise ziehen. Das gilt es auch bei anderen Überlieferungen zu bedenken, in denen Vergleichbares geschieht.[5]

- *Was ändert sich für Sie im Verständnis eines ›exklusiven‹ Gottesglaubens, wenn Sie die Situationen bedenken, in denen biblische Botschaften entstanden sind?*
- *Was zeichnet dementsprechend eine monotheistische Religionsgemeinschaft aus?*
- *Welche neuen Gedanken eröffnen sich Ihnen im Spannungsfeld zwischen der ›Exklusivität‹ Gottes und der Vielfalt des menschlichen Glaubens an ihn?*

3.4 Inklusivismus – Bilder eines religiöse Grenzen überschreitenden Miteinanders

In der Bibel finden sich Geschichten und Texte, die weniger das voneinander abgrenzende Unterschiedliche im Blick haben, sondern eine universale Zusammenschau aller Glaubenden. Sie erzählen von Menschen, die in ihren verschiedenen Religionen zugleich die Hoffnung auf den einen, alles umfassenden Gott in sich tragen. In diesen Aussagen gewinnt monotheistischer Glaube universale Weite, die auch in nachbiblischer Zeit bedacht wurde und wird.

In der Prophetie des Jesaja leuchtet die Vision einer umfassenden Völkerwallfahrt zum universalen einen Gott auf:

Es wird zur letzten Zeit der Berg, da des Herrn Haus ist, fest stehen, höher als alle Berge und über alle Hügel erhaben, und alle Heiden werden herzulaufen, und viele Völker werden hingehen und sagen: Kommt, lasst uns auf den Berg des Herrn gehen, zum Hause des Gottes Jakobs, dass er uns lehre seine Wege und wir wandeln auf seinen Steigen! (Jesaja 2,2–4)

In den Evangelien wird von der Begegnung Jesu mit einem römischen Hauptmann in Kapernaum erzählt: Dieser heidnische Soldat hat großes Vertrauen zu Jesus, als er ihn um die Heilung seines Knechts bittet. Da sagt Jesus zu seinen Jüngern: Solchen Glauben habe ich in Israel bei keinem gefunden (Matthäus 8,10).

---

5 Karl-Josef Kuschel: Christologie und Interreligiöser Dialog, in: Johannes A. van der Ven/ Hans-Georg Ziebertz: Religiöser Pluralismus und interreligiöses Lernen, Weinheim 1994, S. 98 ff.

Die Apostelgeschichte erzählt, wie Paulus bei seiner Rede auf dem Areopag in Athen zuerst die vielen Tempel nennt, die er bei seinem Gang durch die Stadt gesehen hat und von denen einer dem »unbekannten Gott« gewidmet war. Diesen Gott, den die Athener also schon verehren, identifiziert er als den einen Gott Israels, der in Jesu Wirken Gestalt gewann: »Nun verkündige ich euch, was ihr unwissend verehrt« (Apostelgeschichte 17,23).

Islamische Lehre geht weitgehend davon aus, dass der Monotheismus islamischer Prägung gewissermaßen die natürliche Religion aller Menschen sei. Die Mitgliedschaft in dieser umfassenden Religionsgemeinschaft muss deshalb nicht eigens erworben werden.

In katholischer Tradition wird formuliert, dass Gottes Heiliger Geist in allen Religionen am Wirken ist.

In der Aufklärung und der Auseinandersetzung der evangelischen Theologie mit ihr wurde versucht, die biblischen Offenbarungen mit einer allgemeinen, natürlichen und vernünftigen Religion aller Menschen in Einklang zu bringen.

Die Weite, in der Menschen mit ihren unterschiedlichen religiösen Traditionen zu einem großen Ganzen zusammengesehen werden, beeindruckt. Aber wenn dieses Ganze mit den eigenen partiellen Glaubenstraditionen in eins gesetzt wird, dann führt das letztlich wieder zur Vereinnahmung der Andersdenkenden. Im Sinne des auf Gott selbst in seiner nicht fassbaren Einzigartigkeit bezogenen Absolutheitsanspruchs gilt es deshalb auch hier weiterzudenken: Dass alle Menschen den Glauben an den einen Gott in sich tragen, kann und darf dann nicht für eine bestimmte Ausprägung des Monotheismus in Anspruch genommen werden. So verstanden, kommt die umfassende Wahrheit nicht an das Ziel ihrer Intention: Der Zion bleibt dann auch in der prophetischen Vision Symbol des Judentums und kann sogar machtpolitisch missverstanden werden. Das Bekenntnis zu Jesus Christus verliert andere monotheistische Offenbarungstraditionen aus dem Blick. Die Vorstellung von einem universalen, allgemein menschlichen Islam bindet an dessen konkrete Erscheinungsform.

Universale Weite muss sich abheben von den in jeweils unterschiedlichen Überlieferungsgeschichten lebendigen Wahrheitsansprüchen. Wer diese Weite in Anspruch nimmt, muss sich zugleich der Spannung zwischen dem geheimnisvollen göttlichen Ganzen und der realen Verschiedenheit der menschlichen Glaubenserfahrungen stellen.

> **Gleichnisbilder für monotheistisches Gottesverständnis**
> Universale Weite in der Zusammenschau der monotheistischen Religionen gegen exklusive Geltungsansprüche der Einzelnen thematisiert auch G.E. Lessing in sei-

3.4 Inklusivismus

nem Schauspiel *Nathan der Weise* mit der Ringparabel: Ein Fürst hat einen kostbaren Ring, den er nach alter Tradition an seinen als Nachfolger auserwählten Sohn weiterzugeben hat. Nun hat aber der Fürst drei Söhne, die ihm alle gleich lieb und wert sind. Deshalb lässt er zwei weitere, dem Ursprungsring völlig gleichende Ringe herstellen, übergibt jedem der Söhne einen und stirbt dann. Die Folge ist Zwist unter den drei Nachfolgern, denn jeder fühlt sich als der wahre Berufene. Um den Streit zu schlichten, wird ein Richter eingeschaltet, und der kommt zu folgender Lösung: Der echte Ring ging verloren. Alle drei Nachfolger haben einen nachträglich angefertigten. Sie sollen sich im toleranten Miteinander im Zeichen der Nächstenliebe dem Anspruch des verlorengegangenen Rings würdig erweisen.

Ein selbst erdachtes Bild geht von einem Berg aus, dessen alles überragender Gipfel in den Wolken verhüllt ist. Aber es gibt ausgeschilderte Wege, die zum Gipfel hinauf führen, jeweils von unterschiedlichen Bodenstationen aus. Wer seinen Weg begonnen hat, ist angehalten, ihm auch zu folgen. Manchmal kommen sich die Wege nahe, vielleicht nur durch eine schmale Schlucht getrennt, und Bergsteiger können sich in Rufweite über ihre Wegerfahrungen austauschen. Aber alle brauchen das Vertrauen, dass ihr Weg zum Gipfel führt, und sollten dasselbe auch den Wanderern auf den anderen Wegen zugestehen.

Inwiefern erkennen Sie in diesen Bildern die Spannung zwischen der Weite des universalen Wahrheitsanspruchs und den unterschiedlichen Glaubenstraditionen wieder?
Was wird in diesen Bildern anschaulich? Wo sehen Sie Grenzen dieser Bilder? – Sie könnten zum einen in den drei Ringen als bloßen Nachbildungen liegen; zum anderen in dem unerreichbar erscheinenden, verhüllten Gipfel.
Welche anderen Bilder für die beschriebene Spannung fallen Ihnen ein?

Der inklusive Blick auf die unterschiedlichen monotheistischen Religionstraditionen mit seiner Orientierung an der alles umgreifenden Exklusivität Gottes lädt dazu ein, über die monotheistische Religionsfamilie hinausgehend weitere Religionen einzubeziehen. Dann ist auch ihnen die Suche nach der einen Wahrheit in ihren Überlieferungen zuzugestehen, noch weiter gedacht auch dem philosophischen Suchen und Fragen nach dem Göttlichen. Es steht niemandem zu, über die Glaubwürdigkeit zu urteilen, in der Menschen ihren Glauben leben. Sondern es gilt vielmehr, anderen über den eigenen Glaubensweg in dessen Bedingungen und Grenzen Rechenschaft zu geben. Das führt von der universalen Weite zurück zu den konkreten Traditionen und zum Gespräch zwischen ihnen im Sinne einer aktiven Toleranz.

3.5 Dialog – Gespräche zu Gemeinsamem und Unterscheidendem

Für die interreligiöse Perspektive ist beides wichtig: einerseits der Glaube an das Geheimnis Gottes, das von Menschen nicht erklärt und nicht für Eigenes vereinnahmt werden darf, und andererseits das Wissen um unterschiedliche Offenbarungstraditionen, die für die Menschen in ihren religiösen Bindungen verpflichtenden Charakter haben. Nur in diesem Wissen und nur in den unterschiedlichen Religionstraditionen wird der Glaube an den einen Gott zugänglich.

Damit ergibt sich auch ein Drittes: die Verständigung unter denen, die im Horizont einer universalen Einheit auf verschiedene Weise glauben. Die Perspektive des Einheitlichen führt zusammen, lässt Gemeinsamkeiten suchen. Die real erlebte Verschiedenheit rückt das je Eigene in den Vordergrund. Das eine ist ein weit ausgreifendes, umfassendes Grundverständnis von Monotheismus und Religion überhaupt, das andere sind die je eigenen religiösen »Landschaften«, in denen die umfassende religiöse Wahrheit anschaulich und lebendig wird. Zwischen beidem können und sollen sich dialogische Gespräche entwickeln, in denen Menschen ihre eigene Position zeigen und zugleich Offenheit für anderes.

Unter dem Motto »Gute Zäune – gute Nachbarschaft« zeichnet der Theologe Christoph Schwöbel das anschauliche Bild vom Gespräch über den Zaun.[6] Der Zaun regelt das Verhältnis von »Mein« und »Dein«, gibt Sicherheit und wird so zu einem Ort, an dem Kommunikation gut gedeihen kann. Je nach der Situation können sich Gespräche von kurzen Mitteilungen zu ausgiebigem Gedankenaustausch entwickeln und zu gegenseitigen Einladungen führen.

Was aber zeichnet interreligiöse »Gespräche über den Zaun« aus? Hilfreich ist die Unterscheidung der Es-, Ich- und Du-Perspektive.

> **Info: Es-, Ich- und Du-Perspektive**
> Der **Es-Perspektive** entspricht der Verzicht auf das Zeigen und Bedenken unterschiedlicher Überzeugungen. Hier geht es nur um die objektive Seite der Erscheinungsweisen von Religion und Religiosität.
>
> Die **Ich-Perspektive** meint eine Haltung, die zwar anderes in den Blick nimmt, aber den eigenen Standpunkt nicht verlässt. Anderes soll ins Eigene hereingeholt, für die eigene Sichtweise – bis hin zur Nötigung – gewonnen

---

6 Christoph Schwöbel: Gott im Gespräch, Tübingen 2011, S. 19 ff.

werden. Sie zeigt sich als Unfähigkeit, sich wirklich auf andere Sichtweisen einzulassen. Zu ihr gehört ein Exklusivismus, der mit der Behauptung des eigenen Wahrheitsanspruchs den der anderen für ungültig erklärt. Dazu ist auch ein Inklusivismus zu zählen, der anderes wohlwollend betrachtet, aber nur mit dem einen Ziel, es dem eigenen Wahrheitsanspruch einzuverleiben.

Die **Du-Perspektive** einzunehmen, das ist der entscheidende Schritt zum Dialog. Es bedeutet, sich in die Sichtweise des anderen hineinzuversetzen, samt dem Wahrheitsanspruch, der mit ihr verbunden ist. Von dort aus gilt es neu das Eigene zu sehen, gewissermaßen als das »Du« des anderen, um so wieder zum Eigenen zurückzukehren und zu versuchen, diese Sichtweisen in ihrer Gleichzeitigkeit auszuhalten.[7]

3.6 Mit den Augen des anderen sehen

Du-Beziehung bedeutet, ein Stück weit »in den Schuhen des anderen« zu gehen, mit den Augen des anderen zu sehen. Dabei gibt es sicherlich viele Entdeckungen zu machen. So kann verständlich werden, wie andere Religionen sich aus ihren Ursprüngen entwickelt haben, wie sie eingebunden sind in kulturelle Zusammenhänge und wie aus ihren Inhalten ihr Anspruch auf Gültigkeit und Wahrheit erwächst.

Dieser Schritt hat aber auch seine Grenzen. Sie tauchen auf, wenn einem bewusst wird, selbst in einer ganz anderen religiösen Welt zu leben, zu vielem nur mühsam oder gar nicht Zugang finden zu können. Wer wird als Christ die Koranfrömmigkeit von Muslimen oder das Umgehen mit Gegensätzen im fernöstlichen Denken je verstehen können? Dialog heißt auch, sich den Grenzen des Verstehens zu stellen und zuzulassen, dass sich anderes eigenen Vorstellungsmöglichkeiten entzieht, dass es sich nicht in das Gehäuse der eigenen Gedanken einfangen lässt. Das Gegenüber darf sich auch immer wieder als sperrig und unzugänglich erweisen. Das muss aber nicht bedeuten, die Beschäftigung mit dem anderen resigniert aufzugeben. Es gilt weniger nach erklärenden Antworten und umfassendem Verstehen zu suchen als vielmehr in Annäherungen zu denken und zu arbeiten. Es geht mehr um Tastversuche als um Zugriffe. Dia-

---

7 Hans-Georg Ziebertz: Mono-, multi-, interreligiös? Religionen als religionspädagogische Herausforderung, in: Der Evangelische Erzieher, 46. Jg. 1994, Heft 4, S. 335 f.

log kann nur entstehen, wenn auch »Räume da sind für Nicht-Verstehen, Missverstehen, für Undeutliches, Verschwommenes, Schwankendes« (D. Zilleßen).[8]

Die grundsätzlichen Erläuterungen zum interreligiösen Dialog drängen weiter zu konkreten Beispielen. Die veranschaulichen das dialogische Geschehen auf mehreren Ebenen:

- Zum einen lässt sich die ›Ich-Du-Beziehung‹ in ihrem Wechselspiel verfolgen.
- Zum anderen dienen die Beispiele dem Kennenlernen des Islam aus der Sicht des christlichen Gesprächspartners.
- Schließlich werden in diesem Geschehen auch wichtige Rückfragen zum Verständnis des christlichen Glaubens geweckt.

Aus diesen Gründen sind die folgenden Beispiele ausführlich gestaltet, zunächst in der Form eines vergewissernden Selbstgesprächs, und dann als dessen Erproben im Dialog.

Mit den Augen des anderen zu sehen versuchen

Ich versuche mich in diesem Sinne in islamische Denkweisen hineinzuversetzen und von dort aus einen neuen Blick auf den eigenen Glauben zu gewinnen:

Mir wird bewusst, wie sehr im Islam die Einzigkeit und Allmacht Gottes das Reden von Gott bestimmen. Gott entzieht sich konsequent unseren menschlichen Vorstellungen, bleibt ohne Einschränkungen unergründbar und geheimnisvoll. Das ist entschiedener Monotheismus und dem entspricht im Islam die in großem Ernst alltäglich vollzogene Verehrung dieses einen Gottes. Das Glaubensbekenntnis ist so kurz und bündig, es kann nicht oft genug gesprochen werden: »Es gibt keinen Gott außer Allah und Muhammad ist sein Prophet«. Ich lerne verstehen, dass Muslime besonders sorgsam darauf achten, dass die über alle menschlichen Vorstellungen erhabene Jenseitigkeit Gottes nicht angetastet und durch menschliche Einflüsse verfälscht wird. Der Koran ist hier ganz unmittelbar Gottes Wort, direkt vom Himmel dem Propheten eingegeben. Die Vorstellung, dass Gottes Wort im Menschenwort zeitbedingt erscheint und erst durch Gottes Geist in je neuer Auslegung lebendig wird, muss Muslimen schwer zugänglich sein; noch mehr, dass in Jesus Gott selbst sich zu erkennen gegeben hat, sichtbar geworden ist.

Ich verstehe besser, dass es einen Sohn Gottes nach den Vorstellungen des Islam nicht geben kann und darf. Ich kann dann besser sehen und würdigen, mit welch großem Respekt im Koran von Jesus gesprochen wird, wie ihm

---

8 Dietrich Zilleßen: Dialog mit dem Fremden. Vorüberlegungen zum interreligiösen Lernen, in: Der Evangelische Erzieher, 46. Jg. 1994, Heft 4, S. 339.

im Zusammenhang der biblischen Propheten ein herausgehobener Platz zugewiesen wird. Ist es verwunderlich, dass die christliche Dreieinigkeit Gottes in muslimischen Ohren Vielgötterei und Abfall vom Bekenntnis zu dem einen Gott bedeutet? Auch für Christen ist es doch schwierig, die Einzigkeit Gottes mit Gott Vater, Gott Sohn und Gott Heiligem Geist zusammenzubringen.

Ich lerne den Islam als eine unkompliziertere Religion als die eigene kennen. Gottes Barmherzigkeit zeigt sich darin, dass er die Menschen mit seinen Weisungen sicher leitet und ihnen nur das auferlegt, was sie zum Wohle aller auch erfüllen können. Da gibt es keine Erbsündenlehre, die den Menschen erlösungsbedürftig macht und ihn immer wieder hinter dem zurückbleiben lässt, was von ihm gefordert wird. Da sind keine Sakramente nötig, die einem die Sündenvergebung zusprechen. Ich lerne verstehen, dass die Drohungen mit Gottes Strafe sich auf die Verweigerung dieses Einfachen, Selbstverständlichen, Einleuchtenden im Miteinander beziehen. Islamische Religiosität ist Alltagsfrömmigkeit, ist ethische Religiosität, lebt im aufmerksamen Umgang miteinander. So ist es auch verständlich, dass im Islam der Zusammenhang von Religion und Gesellschaft viel enger ist als im Christentum. Das Zusammenleben aller soll sich nach den Weisungen richten, die Gott in seiner Barmherzigkeit im Koran den Menschen gegeben hat.

Ich höre und lese, dass Mohammed als letzter und entscheidender Prophet gilt. Er ist das »Siegel der Propheten«. Und ich entdecke, wie im Koran in diesem Sinne Aussagen der Bibel aufgenommen werden. Schon den Hauptpersonen des Alten und Neuen Testaments wird das in den Mund gelegt, was Mohammed als Offenbarung Gottes verkündet hat. Da drückt sich Absolutheitsanspruch aus. Aber sind wir Christen mit dem Alten Testament, der Hebräischen Bibel nicht genauso umgegangen? Wurde nicht auch dort vieles auf Jesus als letzte Offenbarung Gottes bezogen? Kann ich nur dem Islam vorwerfen, dass Urkunden anderer Religionen einseitig ausgelegt werden, um die Allgemeingültigkeit des eigenen Glaubens zu vertreten?

Ähnlich verhält es sich mit der Sicht des Islam als kriegerischer Religion, die in der Gegenwart so sehr durch muslimische Fundamentalisten bestärkt wird. Es gibt auch viele Beispiele für das friedliche Zusammenleben von Muslimen und Christen in islamischen Ländern. Und ich lerne verstehen, dass umgekehrt die Kreuzzüge des Mittelalters für viele das Bild eines kriegerischen Christentums ausgebildet haben.

Ich gestehe mir ein, wie sehr mir die islamische Frömmigkeit fremd ist, die Praxis des rituellen Gebets mit seinen genauen Vorschriften, das Festhalten an dem, was schon zur Zeit Mohammeds galt, auch die Verwurzelung in patriarchalischen Lebens- und Familienordnungen. Und ich versuche mir vorzustellen, wie das umgekehrt mit unserer christlichen Frömmigkeit und ihren Bräuchen für Muslime gelten mag, von den Kirchtürmen und ihren Glocken bis zu den christlichen Liedern und Festen. Sollten wir Christen den oft noch verkündeten Absolutheitsanspruch des christlichen Glaubens nicht kritisch daraufhin befragen, ob es wirklich so gedacht ist, dass er nur die uns vertrauten christlichen Überlieferungen samt ihren kulturellen Ausprägungen gelten lässt und das Recht der Muslime auf die Wahrheit ihrer religiösen Tradition zurückweist?

3.7 Mit Unterschieden und Widersprüchen gut umgehen können

Mit Sicht auf das Gegenüber geht es im Dialog zum Eigenen zurück. Das bedeutet, im eigenen Standpunkt das Gegensätzliche des anderen mitzusehen und auszuhalten. Zusammenhänge der eigenen Glaubensvorstellungen können deutlicher werden, aber auch Widersprüche und ungelöste Fragen. Manches über den eigenen Glauben kann vielleicht nicht mehr so ›vollmundig‹ formuliert werden, manche Vorurteile und Abgrenzungen den anderen gegenüber müssen fallen. Dialog mit anderen ist immer auch ein Wagnis, das zeitweise den eigenen Glauben in Frage stellen kann. Dabei ist mit Verunsicherungen und Verwundungen zu rechnen. Es geht um das, was trägt, um Antworten auf die Frage nach dem Sinn unseres eigenen Lebens und unserer Welt. Auch der Streit um die Wahrheit gehört dazu. Solche Auseinandersetzungen müssen und können nicht zu einer befriedigenden Lösung gebracht werden. Die Gegensätze müssen nicht aufgegeben oder wegretuschiert werden, sondern sie dürfen bestehen bleiben, auch in ihrer Widersprüchlichkeit. Zum Glauben und zu Gott gehört auch das Unzugängliche, das sich unserem erklärenden und ordnenden Zugriff entzieht, das letztlich Geheimnis bleibt. Trotzdem bleibt das Recht auf den eigenen Standpunkt. Gegenüber einer lediglich oberflächlichen Gemeinsamkeit (»Im Grunde glauben wir doch alle dasselbe«) und der unbeweglich sich behauptenden Ich-Perspektive (»Nur im eigenen Glauben liegt die Wahrheit«) liegt der dialogische Weg der »Du-Perspektive«. Er ist sicherlich der anstrengendste, aber wohl auch der notwendige.

Neuer Blick auf den eigenen Glauben

Ich nehme die im ersten Schritt vollzogenen Wahrnehmungen zum Islam wieder auf und führe sie weiter:

Ich möchte gern an meinem christlichen Glauben festhalten, dass Gott uns Menschen sehr nahe kommt, dass er in Jesus so viel von sich unwiderruflich zu erkennen gegeben hat und auch als Gottes Geist in uns selbst wirkt. Das gibt der Beziehung zu Gott Dichte und Intensität. Ich möchte festhalten, dass Gott in und durch uns Menschen wirkt – und damit auch seiner Allmacht Grenzen setzt. Ich stelle mir die Beziehung zu Gott gerne in gewisser Analogie zu menschlichen Beziehungen vor. Aber ich sehe auch die Gefahren und Grenzen, auf die mich der Islam aufmerksam macht: Wenn jeder sich seinen eigenen Gott »zusammenbastelt« und nur das gelten lässt, was einem gerade nützlich erscheint; wenn Gott so sehr in unsere Welt eingeht, dass er in ihr verschwindet, überall ist und auch nirgends, und man deshalb genauso gut auch ohne Gott leben kann; wenn jeder die Bibel auslegen und für sich zurechtlegen kann, wie es ihm gerade passt.

Mit ist nach wie vor wichtig, dass Gott uns Menschen gerade in unserer Unzulänglichkeit und Fehlerhaftigkeit annimmt. Ich brauche da mehr als eine ethische ›Rechtleitung‹. Deshalb schätze ich die Zuwendung Gottes in seinen Segenszeichen, in den Sakramenten. Es tut gut, so immer wieder Gottes ermutigenden Zuspruch zu hören und zu spüren. Aber ich bin vom Islam her auch sensibler für Missbrauch, etwa wenn Sakramente als Besitz der Kirche verstanden werden, die sie »verwaltet«; wenn diese Segenszeichen folgenlos bleiben, wenn sie nur noch als äußere Zeichen und Gesten und ohne Verpflichtung ihrem Geber gegenüber »mitgenommen« werden, wie es doch in der Taufpraxis weithin geschieht; oder wenn nur vom »lieben« Gott gesprochen wird und die herausfordernden dunklen und unverständlichen Seiten Gottes gar nicht mehr in den Blick treten; wenn christlicher Glaube und persönliche ethische Lebensführung, Gottesdienst und Alltag auseinanderklaffen.

Ich schätze am christlichen Glauben, dass ich selbst als Individuum dazu herausgefordert bin, diesem Glauben eine Gestalt zu geben, die zu mir passt. Mir ist wichtig, dass ich nicht nur mit- und nachvollziehe, was andere tun, sondern dass Glaube auf meine eigene, persönliche Einstellung und Haltung und auch auf mein eigenes Denken zielt. Aber die Grenze erkenne ich angesichts der öffentlichen Wirksamkeit des Islam dort, wo der Gemeinschaftsbezug, den der Glaube doch auch braucht, verloren zu gehen droht; wo Glaube zu etwas ganz Privatem wird, der in der Öffentlichkeit und für das Zusammenleben keine Rolle spielt – bis dahin, dass man es als peinlich empfindet, darüber zu sprechen.

Ich entdecke in den nebeneinander bestehenden Wahrheitsansprüchen von Christentum und Islam die Aufgabe, dem Glauben an Jesus Christus einen Wahrheitsanspruch zuzuerkennen, der nicht nur für mich selbst gilt. Mein Glaube macht Züge an Gott sichtbar, die ich im Islam zu wenig finde und die ich nicht für beliebig halten kann. Und ich lerne, dass ich mit den christlichen Überlieferungen in diese Wahrheitssuche hineingewachsen bin – und nun dasselbe auch Mitgliedern anderer Religionen zugestehen sollte. Ich nehme wahr, dass der eigene Weg auch viele Fragen offen lässt, die andere von ihrer religiösen Ausrichtung her nicht haben. Ich möchte aber auch, dass andere Entsprechendes bei ihrer Religion zu sehen versuchen, damit wirklich ein Miteinander trotz der religiösen Verschiedenheit und damit Dialog entstehen kann.

3.8 Dialog als Ereignis – Christlich-islamische Gespräche

In den folgenden – zwar fiktiven, aber zugleich exemparisch-anschaulichen – Gesprächsbeispielen begegnen sich je eine dialogbereite christliche und muslimische Person. Die Gespräche sind vom »Ich« der christlichen Person mit ihrer Zugehörigkeit zum christlichen Glauben her gestaltet. Sie zeigen, wie die Fragen des muslimischen Gesprächspartners Klarheit und Sprachfähigkeit im eigenen Glauben herausfordern, auch ganz unmittelbar auf Defizite im Verständnis des eigenen christlichen Glaubens aufmerksam machen.

Prüfen Sie, ob und inwiefern in diesen Gesprächsgängen die vorher benannten Dialog-Ebenen Ihrer Meinung nach angemessen zur Geltung kommen. Zu welchen Rückfragen zum eigenen christlichen Selbstverständnis werden Sie in den skizzierten Dialogen angeregt?

Gespräch zum Weihnachtsfest

Beim Aufstellen und Einrichten der Weihnachtskrippe in der Kita treffe ich (Ch) eine muslimische Person – sei es Vater oder Mutter (I) – mit der ich schon manches Gespräch geführt habe. Wir verstehen uns gut, und gleich sind wir wieder bei der Sache, nämlich beim Verhältnis von Christentum und Islam.

Mein Gegenüber eröffnet das Gespräch.
　　I: Von der Geburt Jesu ist auch im Koran die Rede. Zwar nicht von einem Stall, von Hirten und von Ochs und Esel; aber dass Jesus eine außergewöhnliche Person war, ein ganz großer Prophet Gottes, das steht auch im Koran.
Das empfinde ich als eine freundliche Einladung zum Gespräch, in das ich gerne einsteige.
　　Ch: Das ist doch eine schöne Gemeinsamkeit, die wir in der Hochschätzung Jesu haben.

3.8 Dialog als Ereignis – Christlich-islamische Gespräche

Mein Gesprächspartner nimmt sogleich den Faden auf.

I: Das mit den Hirten steht zwar nicht im Koran, aber es passt doch dazu. Jesus war auch nach unserem Glauben für die Menschen da, die unter Ungerechtigkeit zu leiden hatten, so wie die Hirten damals. Er war ein lebendiges Zeichen der Barmherzigkeit Gottes. Das steht im Koran – und in der Bibel steht es ja wohl auch so. Hat es damit zu tun, dass es in der Adventszeit so viele Spendenaufrufe gibt und die Leute sich mehr als sonst von der Not anderer Menschen anrühren lassen? Aber ob Jesus gewollt hätte, dass dabei so viel Hektik ausbricht?

Der spitze Unterton zeigt mir an, dass in aller Freundlichkeit nun auch die Gegensätze zur Sprache kommen können, und so frage ich.

Ch: Warum eigentlich hat Mohammed dann Jahrhunderte nach Christi Geburt eine eigene Religion begründet, wenn das Ansehen Jesu auch im Islam so groß ist?

Ich bin gespannt auf die Antwort und ich spüre, wie mein Gegenüber jetzt sehr ernst wird.

I: Ihr Christen habt einen großen Fehler gemacht. Ihr nennt Jesus Gottes Sohn. In den Weihnachtsliedern heißt es immer wieder, dass Maria Gottes Sohn geboren hat. Aber damit verratet ihr den Glauben an den einen Gott. Gott ist einer – das ist unser wichtigstes Bekenntnis. Der eine Gott kann keine Kinder haben, die auch Götter sind. Dieses Kind in der Krippe da ist doch durch und durch ein Mensch, das kann kein Gott sein. Gott ist kein kleines Kind. Gott ist unsichtbar, allmächtig und erhaben, eben ganz anders als Menschen. Wenn sich Gott in einen Menschen verwandeln würde, dann würde er aufhören, Gott zu sein. Und das wäre schlimm für uns alle. Jesus hat doch später auch zu Gott gebetet, also war er Mensch.

Ich fühle mich verunsichert. Mir gehen die Weihnachtslieder durch den Kopf: Holder Knabe im lockigen Haar, Gottes Sohn, o wie lacht ... Haben wir uns das wirklich gut überlegt, was wir da singen und feiern? Ich spüre, hier tut sich eine Kluft auf zwischen Christen und Muslimen. Und mir dämmert, dass es da auch Klärungsbedarf im eigenen christlichen Lager gibt. Ich nehme einen neuen Anlauf.

Ch: Wahrscheinlich sollten wir »Sohn Gottes« nicht so wörtlich verstehen, sondern eher als ein Sinnbild, als ein Gleichnis.

Da hakt mein Gegenüber aber gleich nach mit einer neugierigen Frage.

I: Und wofür ein Gleichnis?

Ich spüre, dass ich jetzt davon reden muss und möchte, was mir als Christ Jesus bedeutet.

Ch: Ein Gleichnis dafür, dass sich Gott in diesem Jesus zu erkennen gegeben hat, dass Jesus viel von dem ans Licht gebracht hat, wer Gott für uns ist. So ist Gott, hat Jesus immer wieder gesagt, wenn er seine Zuwendung zu anderen Menschen erläutert und kommentiert hat. So wie ich mich den Menschen zuwende, so tut das Gott mit euch. Wer Gott für uns ist, das ist in Jesu Worten und Taten anschaulich und lebendig geworden. Weil Jesus zum Licht für viele Menschen wurde, kann ich glauben, dass Gott das Licht der Welt ist. Gott ist Liebe – das ist glaubhaft, weil Jesus diese Liebe verkörpert hat. Gott ist nahe bei uns – weil er diese Nähe in Jesus gezeigt hat. – Gott hat sich in diesem Jesus festgelegt, als der Gott der Nähe, der Zuwendung, der Menschenfreundlichkeit.

Aber mein Gegenüber schüttelt den Kopf.

I: Gott lässt sich nicht festlegen. Gott ist absolut frei, ungebunden in seinen Möglichkeiten. Gott ist nicht nur durch seine Nähe, sondern genauso durch seinen Unterschied zu uns Menschen bestimmt. Beides gehört zusammen: Gott ist rätselhaft und geheimnisvoll und er kann uns Sachen auferlegen, die wir nicht verstehen. Aber Gott ist auch barmherzig, indem er uns Regeln und Weisungen gibt. Diese Regeln sind ganz wichtig. An uns liegt es, diese Gebote zu erfüllen und unser Leben in ihrem Sinn zu führen. Dann wird es uns gut gehen und wir werden Gottes Barmherzigkeit spüren. Gott zeigt sich uns durch seinen Willen. Es ist gut für uns, wenn wir ihn erfüllen.

Ich merke, in diesem Gespräch geht es um Klärungen, welche die Gegensätze zwischen unseren Religionen nicht aussparen; um Klärungen, die auch unsere persönlichen Sichtweisen betreffen.

Ch: Ihr seht im Koran einen Jesus, der vor allem dazu aufruft, Gottes Weisungen zu beachten und zu erfüllen. Und wir Christen begegnen vor allem dem Jesus, der gesagt hat: »Kommt her zu mir alle, die ihr mühselig und beladen seid, ich will euch aufrichten, angesichts all dessen, was euch niederdrückt.« Jesus zeigt uns, dass Gott uns von Lasten befreit. Er macht uns Mut, diese gute Botschaft anzunehmen, sie für uns selbst gelten zu lassen und sie dann auch gegenüber anderen zu praktizieren.

Mein Gegenüber hakt gleich nach.

I: Aber wo ist denn die Liebe zu spüren, die von eurem Glauben ausgehen soll? Bleibt diese Botschaft von Gottes Liebe nicht zu unverbindlich? Ihr feiert miteinander das Fest der Liebe und dann geht es wieder in den Alltag, in dem davon nicht mehr viel zu erkennen ist.

Ich zögere.

Ch: Ich habe immer noch die Hoffnung, dass die Botschaft von Gottes Liebe etwas bewegt, dass sie uns bewegt und uns eine andere Sichtweise gibt als die des bloßen Aufrechnens von Leistungen und Gegenleistungen. Und ich hoffe, dass sie die Verantwortlichen in der Welt bewegt, damit Not, Gewalt und Elend auf unserer Erde weniger werden. Wenn Christen auf Missstände in unserer Gesellschaft, auf Ungerechtigkeit, Gewalt, Missachtung der Menschenwürde aufmerksam machen, dann ist genau das die Fortsetzung der Weihnachtsbotschaft.

In der Hand halte ich den Verkündigungsengel, der wie immer zum Schluss über der Krippe seinen Platz findet.

Ch: »Ehre sei Gott in der Höhe und Friede auf Erden bei den Menschen seines Wohlgefallens«, hat er gesagt. Ich vertraue darauf, dass das nicht nur eine Formel ist, sondern dass in ihr viel Kraft steckt, Kraft von Gott und Kraft für unser eigenes Tun. Weihnachten heißt für mich, dass wir Christen der Kraft des Friedens etwas zutrauen, auch wenn uns die Realität mit ihren Sachzwängen so oft etwas anderes zu lehren scheint.

Mein Gegenüber wird nachdenklich.

I: Ehre sei Gott in der Höhe und Friede auf Erden – das könnte wohl auch im Koran stehen. Im Namen von Gottes Ehre haben Christen Krieg gegen Moslems geführt. Im Namen von Gottes Ehre führen Moslems Krieg gegen Christen und schüren Hass gegen sie. Hass ist schlimm und wird immer noch schlimmer durch religiöse Begründungen. Und dabei wird das »Friede auf Erden« vergessen oder ins Gegenteil verkehrt.

Diesem Gedanken schließe ich mich gern an.

Ch: Friede soll sein in unserer Welt – von Gott und durch alle die, die an diesen einen Gott glauben. Ob es uns Christen und Muslimen je gelingen wird, wirklich Boten des Friedens Gottes in unserer Welt zu sein? Unser Sohn Gottes und euer Prophet Jesus – da ist so manches gemeinsam, und es passt doch nicht zusammen. Vielleicht muss es auch gar nicht zusammenpassen. Wir feiern Weihnachten, die Geburt dieses Kindes – nicht gegen euch und euren Glauben. Gut wäre es, wenn ihr an unserem Verhalten spüren könntet, was uns an diesem Kind so wichtig ist.

Gespräch zum Thema Passion und Ostern

Gerade bin ich zusammen mit Kindern beim Gestalten eines Passions- und Osterkreuzes mit verschiedenen Bildern, Blumen etc. Da kommt erneut mein muslimischer Gesprächspartner zu Besuch. Er beginnt gleich mit einer Frage.

I: Warum wird im Christentum der Tod des Propheten Jesus so sehr in den Mittelpunkt gerückt? Im Koran steht nichts vom Tod Jesu am Kreuz. Ich verstehe nicht, warum das Kreuz für euch Christen so wichtig ist. Wir glauben, dass da jemand anderes getötet wurde, denn Gott lässt seinen Propheten nicht so im Stich.

Darauf zu antworten fällt mir nicht schwer.
   Ch: Wir glauben nicht, dass Gott Jesus im Stich gelassen hat.
Das genügt meinem Gegenüber nicht.
   I: Aber wie denn nicht? Im Evangelium steht doch, dass er gerufen hat »Mein Gott, warum hast du mich verlassen«?
Jetzt bin ich froh, dass die Jesusgeschichte mit dem Tod nicht zu Ende ist.
   Ch: Wir glauben, dass Gott Jesus von den Toten auferweckt hat.
Auch damit ist mein Gesprächspartner nicht zufrieden.
   I: Gut, auch Jesus hat Tote auferweckt, so steht es im Koran. Und wenn Gott ihn genauso auferweckt hat – ist er dann weiter so wie vorher mit seinen Jüngern unterwegs gewesen? Davon habe ich noch nichts gehört.
Eigentlich erstaunlich, welches Ansehen Jesus im Koran hat, aber jetzt geht es um das Besondere der Auferstehung. Da ist es, das typische Missverständnis der Auferstehung.
   Ch: Wir verstehen die Auferstehung anders. Gott hat ihn zu einem neuen Leben bei sich gerufen. Und da ist er unsichtbar bei den Seinen, so wie auch Gott unsichtbar bei uns ist.
Wir scheinen aneinander vorbeizureden.
   I: Das verstehe ich noch weniger: Ein guter Mensch ist entweder hier oder im Paradies, aber nicht beides gleichzeitig. Und außerdem gilt: Nur Gott ist unsichtbar und uns zugleich so nahe wie unsere Halsschlagader. Ist Jesus für euch wie ein zweiter Gott? Das ist Verrat am Glauben an den einen Gott!
Wie soll ich darauf antworten? Jetzt wird es schwierig.
   Ch: Es geht uns Christen keineswegs um einen zweiten Gott. Gott ist der Eine. Aber mit Jesus hat etwas grundlegend Neues angefangen und nie mehr aufgehört. Mit diesem Jesus haben die Menschen so unglaublich viel Neues über Gott erfahren. Deswegen ist er so herausgehoben aus dem Kreis aller anderen Menschen.
Mein Gegenüber runzelt die Stirn.
   I: Mit Mohammed haben wir auch viel Neues von Gott erfahren. Was war denn für euch dieses Neue mit Jesus?
Eigenartig, wo es so viel Gemeinsames gibt, fällt es mir direkt schwer, das Besondere unseres Christusglaubens verständlich auszudrücken. Aber jetzt bin ich wieder besser in meinem christlichen Fahrwasser.
   Ch: Nun, in ihm und seiner Botschaft konnten Menschen spüren, hören und sehen, wie Gott für uns da ist. Er hat Gott mit einem liebenden Vater verglichen, der für seine Familie sorgt, er hat ihn sogar Väterchen genannt.
Mein Gegenüber schüttelt den Kopf: Aha, jetzt sind wir doch wieder bei den Unterschieden.

I: Damit ist er aber zu weit gegangen. Gott ist gütig und barmherzig, das glauben wir auch. Aber wir dürfen ihn nicht zum Menschen machen. Wir dürfen uns kein Bild von Gott machen, das steht doch auch in eurer Bibel.

Ich lasse mich nicht so leicht verunsichern.

Ch: Jesus hat viel in Bildern gesprochen, er hat von Gott in Gleichnissen erzählt, z. B. in dem vom barmherzigen Vater, der den heimgekehrten Sohn mit offenen Armen aufnimmt. Es geht um das »wie«. Ich denke, das ist so wie mit den 99 schönsten Namen Gottes.

Mein Gegenüber spinnt den Faden gleich weiter.

I: Aber der hundertste ist uns unbekannt, den kann niemand kennen, auch nicht Jesus.

Ich merke, ich kann mit meinem Gesprächspartner auf der Ebene unserer Gemeinsamkeiten auch über Unterschiede in unserem Glauben reden und setze noch eins drauf.

Ch: Doch, Jesus hat uns nach unserem Verständnis die Augen geöffnet, wer Gott wirklich ist, das ist für uns so wertvoll. Und gerade das ist über die Zeiten hinweg lebendig geblieben. Die Auferstehung ist für uns das Wunder, und dass das Wirken Jesu nicht mit seinem Tod zu Ende war, sondern erst richtig begonnen hat, seine Kreise in die Welt hinaus gezogen hat.

Wieder erkennt mein Gegenüber Gemeinsamkeiten.

I: So etwas wissen wir auch von Mohammed. Auch das hat nach seinem Tod Kreise gezogen. So erklären wir uns übrigens *unser* Glaubenszeichen, die Mondsichel mit dem Stern. Die Botschaft Mohammeds von Gott soll wie die Spitzen dieser Mondsichel den ganzen Weltkreis umfassen und ihn zum Leuchten bringen. Aber dazu brauchen wir keine Auferstehung von den Toten, wie ihr sie glaubt. Dazu brauchen wir nichts, was den Glauben an den einen Gott gefährdet. Und das ist es, wenn ihr sprecht: »Sitzend zur Rechten des Vaters.« Gott ist einer.

Es ist spannend, wie wir unsere Unterschiede auf einer Basis großer Gemeinsamkeit diskutieren. Wieder bin ich bei unseren eigenen Glaubensproblemen: Wie ist das mit unserem Glaubensbekenntnis? Glaube ich das wirklich so?

Ch: Auch das verstehe ich nicht so unmittelbar wortwörtlich, sondern eher symbolisch.

Ich spüre, dass das mein Gegenüber wenig überzeugt.

I: Es ist schon schwierig mit euch Christen. Wenn man euch auf etwas anspricht, was schwarz auf weiß in der Bibel steht, dann sagt ihr: Das ist nur symbolisch. Glaubt ihr nun das, was in der Bibel steht oder nicht?

Über das Verständnis der Bibelworte habe ich mir schon viele Gedanken gemacht, darum fällt mir die Antwort nicht schwer.

Ch: Wir glauben es nicht buchstäblich, sondern diese Worte und Aussagen sind dazu da, dass sie in uns je neu lebendig werden. So wie das der Apostel Paulus gesagt hat: »Der Buchstabe tötet, aber der Geist macht lebendig.« Mit diesem Geist, und es ist auch der Geist Jesu Christi, ist Gott selbst in uns lebendig.

Damit scheine ich jetzt doch einen Nerv getroffen zu haben.

I: Jetzt wird es ja noch komplizierter: Wir legen doch auch die Worte Gottes an Mohammed, wie sie im Koran niedergelegt sind, für uns aus. Aber diesen Gegensatz zwischen Worten, die töten, und Gottes Geist, der lebendig macht, den gibt es für uns nicht. Vielleicht liegt es ja auch daran, dass ihr Christen so genau gar nicht wisst, was Jesus wirklich gesagt hat. Bei Mohammeds Offenbarungen ist das anders. Die wurden ihm direkt vom Engel Gabriel diktiert.

Diese Aussage verunsichert mich nicht, ich will mich aber nicht weiter auf diese Offenbarungstradition einlassen.

Ch: Das ist richtig. Jesus hat nichts aufgeschrieben. Das haben andere getan, nachdem zuerst die Worte Jesu mündlich weitergegeben wurden.

Mein Gegenüber bleibt bei den Fragen nach den schriftlichen Quellen unserer Religionen.

I: Seid ihr eigentlich nicht unglücklich darüber, dass es bei euch keine absolut sicheren Quellen für Gottes Wort gibt?

Darauf kann ich sofort antworten.

Ch: Nein, denn das gibt uns die Freiheit des Glaubens, die für uns so wichtig ist. Wir haben im Neuen Testament Auslegungen von unterschiedlichen biblischen Verfassern, das ist für uns das Gotteswort im Menschenwort. Dass wir die originalen Worte Jesu nicht kennen, das eröffnet uns diese Freiheit. In dieser Freiheit wirkt Gottes Geist in uns, in jedem Einzelnen auf seine Weise.

Stirnrunzelnd kommt eine Nachfrage.

I: Und ihr habt keine Sorge, dass sich damit alles in Beliebigkeit auflöst? Man kann bei euch ja schon oft den Eindruck haben, dass ihr sehr locker mit eurem Glauben umgeht, wenn jeder sich die Worte auslegen kann, wie es ihm passt.

Diese Frage trifft bei mir ziemlich ins Schwarze, denn ich höre sie oft, gerade bei uns Evangelischen. Was soll ich dazu sagen?

Ch: Es gibt auch bei uns Glaubende, denen es lieber ist, wenn sie sich ganz genau am Wortlaut der Bibel festhalten können. Aber der Apostel Paulus setzt da einen anderen Akzent, wenn er sagt: »Wo der Geist Gottes ist, da ist Freiheit.« Wir leben diese Freiheit und erfahren Gottes Geist in der stetigen Rückbesinnung darauf, wie sich Menschen von Jesu Botschaft begleitet wussten, wie er mitten unter ihnen war.

Offensichtlich kommen wir hier nicht viel weiter, denn mein Gegenüber setzt einen neuen Akzent.
  I: Hat das auch etwas damit zu tun, dass ihr Taufe und Abendmahl feiert, was es bei uns nicht gibt?
Das ist eine feine Vorlage.
  Ch: Genau, das sind die sichtbaren Zeichen für Jesu Versprechen, unter uns zu sein.
Mein Gegenüber zeigt großes Interesse.
  I: Ist er dann auch im Streit darüber bei euch, was im Glauben denn nun wichtig ist?
Oft genug habe ich mir klar gemacht, dass auch Zweifel und Meinungsverschiedenheit zum Glauben gehören.
  Ch: Ja, auch Auseinandersetzung gehört dazu. Oft auch Streit darüber, was Glauben heute heißen kann und muss. Da gehen die Meinungen oft weit auseinander.
Mein Gegenüber nickt zustimmend.
  I: Solche Auseinandersetzungen gibt es ja auch bei uns: zwischen denen, die eisern auf dem Wortlaut des Koran beharren, und anderen, die auf die zeitgemäßen Auslegungen besonderen Wert legen.
Gemeinsamkeiten und Unterschiede, das gilt in unseren eigenen Reihen wie im Dialog zwischen uns – wieder eine wichtige Gemeinsamkeit. Ich denke, das Gespräch kann jetzt zu einem versöhnlichen Abschluss kommen.
  Ch: So gibt es in all unserer Unterschiedlichkeit doch zum Glück auch immer wieder Gemeinsames: Gemeinsamkeiten im Glauben an den einen Gott und auch in Spannungen und Auseinandersetzungen darüber, was dieser Glaube heute für uns bedeutet.
Mein Gegenüber ist einverstanden.
  I: Wahrscheinlich brauchen wir doch beides: Gemeinsames und Unterschiedliches. Vielleicht werden wir gerade so dem Reichtum des Monotheismus, des Glaubens an den einen Gott, gerecht. Denn dieser Glaube ist doch wahrscheinlich viel mehr, als dass er in *einer* Lehre begriffen werden könnte.
Da kann ich mich anschließen.
  Ch: Und deshalb ist es gut, dass wir immer mehr voneinander erfahren. Ich muss schon sagen, mit Ihren klugen Fragen haben Sie mich sehr zum Nachdenken gebracht.

- Welche Dialogelemente haben Sie in diesem Gespräch wahrgenommen?
- Welche erscheinen Ihnen besonders wichtig?

– Welche Gemeinsamkeiten zwischen diesen beiden Religionen sind Ihnen bewusster geworden?
– Welche Unterschiede haben klarere Konturen bekommen?
– Was haben Sie Neues über den Islam erfahren?
– Welche Fragen aus islamischer Sicht regen Sie zum neuen Nachdenken über den christlichen Glauben an?
– Welche Fragen und Aussagen würden Sie gern im Team bzw. mit Ihren theologischen Gesprächspartnern vor Ort weiter verfolgen?

Am Ende dieses Kapitels schauen wir wieder an den Anfang zurück: Es ging um die grundlegende theologische Frage, ob und wie sich der Wahrheitsanspruch des christlichen Glaubens und der damit verbundene Missionsauftrag mit dem interreligiösen Bildungsauftrag in Einklang bringen lässt.

– Welche Gedanken sind Ihnen für Ihre Problemlösung wichtig?
– Was möchten Sie gern für sich festhalten?
– Wo brauchen Sie noch weitere Klärung?
– Für welche Gesprächssituationen in der Kita erscheinen Ihnen die gewonnenen Klärungen hilfreich?

Dieses dritte Kapitel war ganz auf theologische Klärungen der Gemeinsamkeiten und Unterschiede in den Glaubenstraditionen von Christentum und Islam ausgerichtet. Das folgende Kapitel rückt individuellen Glauben in seinen biografischen Bezügen ins Blickfeld und von da aus die persönlichen Kompetenzen der Mitarbeitenden in der Kita.

4 Die eigene Haltung im Umgang mit religiöser Vielfalt in der Kita

Die theologischen Klärungen im dritten Kapitel, in denen es um die Dialogfähigkeit des christlichen Glaubens ging, beziehen sich auf das eigenständige Aneignen und Urteilen in Glaubensfragen. Um persönliche Einstellungen geht es auch in diesem Kapitel, nämlich um die Kompetenz, gut mit religiöser Verschiedenheit in der Kita umzugehen.

Zuerst zeigen Untersuchungsergebnisse zum Verhalten der **Kinder** in multireligiösen Situationen, welche Potenziale sie mitbringen und was der Förderung bedarf. Die **Mitarbeitenden** in der Kita kommen mit Fragen nach den biografischen Wurzeln ihrer eigenen Religiosität ins Blickfeld. Denn mit ihnen treten sie in die Aufgaben der interreligiösen Erziehung und Bildung ein. Mit ihren eigenen religiösen Erfahrungen können sie den Kindern helfen, sich in mancherlei Differenzen zwischen Familientraditionen und dem Neuen in der Kita zurechtzufinden, ihren eigenen Horizont zu erweitern und in der religiösen Vielfalt ihren eigenen Weg zu finden. Die **Eltern** spielen eine wichtige Rolle mit Vorgaben, Erwartungen und Wünschen, in denen sie ihr religiöses Elternrecht wahrnehmen und zu wichtigen Klärungen herausfordern – bis hin zur Suche nach Lösungen in Problem- und Konfliktsituationen.

4.1 Kinder – Wie sie wahrnehmen und zuordnen

Zum Umgang der Kinder mit religiöser Vielfalt gibt die Tübinger Untersuchung *Interkulturelle und interreligiöse Bildung*[1] wichtige Hinweise, auf welche im Folgenden näher eingegangen wird.

---

1 Anke Edelbrock/Friedrich Schweitzer/Albert Biesinger (Hg): Wie viele Götter sind im Himmel? Religiöse Differenzwahrnehmung im Kindesalter. Interreligiöse und Interkulturelle Bildung im Kindesalter, Bd. 1, Münster 2010.

4.1.1 Religiöse Sprachfähigkeit

Religiöses Wissen haben nur wenige Kinder in den befragten Kitas gezeigt, interreligiöses Wissen noch weniger (S. 159). Dabei wurden Zusammenhänge mit der Sprachfähigkeit der Kinder deutlich (S. 34). Zwar beeinträchtigt mangelnde allgemeine Sprachfähigkeit grundsätzlich auch die Entwicklung der religiösen. Aber darüber hinaus gilt, dass religiöse Sprachfähigkeit ganz wesentlich die ihr entsprechenden Impulse braucht. Solche Anregungen sind vor allem Erlebnisse, die nach erklärender und deutender Sprache verlangen (S. 186 ff.). Fehlen interreligiöse Erfahrungsmöglichkeiten, hat das unmittelbar Folgen für die interreligiöse Sprachfähigkeit. Wenn aber kulturelle und religiöse Vielfalt im Umfeld der Kinder gegeben ist, nehmen sie schon fünfjährige Kinder wahr und können diese Vielfalt auch ausdrücken (S. 31). Sprachliche Ausdrucksfähigkeit wächst mit der Vertrautheit. Und die ergibt sich aus Begegnungen mit vertrauten Personen, die sich mit dem zeigen, was für sie wichtig ist. »Hinter den Wissensdefiziten stehen fehlende Vertrautheit oder Begegnungsmöglichkeiten mit religiösen Vollzügen« (S. 33).

Fehlt religiöse Sprache, kann es kaum zur Verständigung über religiöse Verschiedenheit kommen: »Wie soll ein dialogisches Verhältnis zwischen den Kindern – hier etwa verstanden als wechselseitige Vertrautheit – erreicht werden, wenn die Kinder nicht in der Lage sind, einander mitzuteilen und zu erklären, welche religiösen Riten und Feste sie selbst oder ihre Familien in welcher Weise praktizieren?« (S. 35). Das gilt besonders angesichts muttersprachlicher Hürden.

> **Mit religiösen Begriffen in anderen Sprachen umgehen**
>
> »Muslimische Kinder lernen in ihren Familien bei religiösen Vollzügen arabische oder auch türkische Bezeichnungen, ohne dass die Notwendigkeit für Übersetzungen bestünde. Innerhalb der Familie ist dies durchaus plausibel: Man versteht sich. Schwierigkeiten ergeben sich jedoch dann, wenn anderen Kindern oder auch Erwachsenen, denen diese sprachlichen Bezeichnungen nicht vertraut sind, etwas darüber mitgeteilt werden soll« (S. 35).
>
> Damit stellt sich die Aufgabe, solche Fachbegriffe aus ihrem Vollzug heraus zugänglich zu machen.
>
> Das Wort »Bismillah« (= im Namen Gottes) wird dann z. B. erlebbar als Ausdruck einer Haltung, in der sich Glaubende in allem Tun mit dem Wirken Gottes verbunden fühlen.

Erhebungen zum religiösen Wissen weisen auf Ungleichgewichte hin. Muslimische Kinder haben – vor allem in kirchlichen Einrichtungen – Differenzerfahrungen zum christlichen Osterfest, aber fast alle christlichen Kinder zeigen kein Wissen über muslimische Feste (S. 159). Muslimische Kinder wissen (in allen Einrichtungen) viel über den Koran, während der Koran von keinem christlichen Kind erkannt wird (S. 162). »Gefaltete Hände als Zeichen des christlichen Betens werden nur von denjenigen muslimischen Kindern erkannt, die ein solches Ritual in ihren christlich-konfessionellen Kindertagesstätten erleben. Umgekehrt zeigt sich, dass nicht muslimische Kinder aller Kindertagesstätten nur in sehr wenigen Fällen zu korrekten Deutungen der Bilder bzw. Gegenstände kommen, die für muslimisches Gebet stehen« (S. 30). Daraus folgt, dass in allen Einrichtungen Begegnungsmöglichkeiten mit muslimischem Verhalten zu fördern sind, gerade auch um den nicht muslimischen Kindern interreligiöse Erfahrungen zugänglich zu machen.

4.1.2 Zuordnung der Beobachtungen zu Personen und Gruppen

Religiöses Erleben und Wissen sind eng mit den Personen verbunden, an denen es erlebbar wird. Das sind in erster Linie die Erwachsenen, denen bestimmte religiöse Verhaltensweisen wichtig sind und die diese dann auch von ihren Kindern einfordern. Religiöse Verschiedenheit wird Personen – Erwachsenen, Kindern, Familien – zugeordnet. Die Vielfalt religiöser Phänomene wird so übersichtlich und zugleich in ihrer Normalität erlebbar. »Äußerungen von Unverständnis oder Ablehnung fanden sich dabei eher bei Kindern, die mit der jeweils anderen Gruppe keine konkreten ihnen bekannten Personen verbinden können« (S. 33).

Mit der Zuordnung zu Personen beginnt frühzeitig auch die Ausbildung »innerer religiöser Landkarten« (S. 175 ff.), also der Differenzierung religiöser Zugehörigkeit in Gruppen. Beobachtungen zeigen, dass die Kinder damit von sich aus keine Wertungen verbinden. Sie bringen große Bereitschaft mit, sich unbefangen auf Neues, Anderes, Fremdes einzulassen und es mit dem bisherigen Erfahrungswissen zu verbinden. Sie unterscheiden zwischen dem »Wir« und dem »Sie«, das sich aus den verschiedenen miterlebten Traditionen und Familienbindungen ergibt.

> **Speisegebote**
> I: Du darfst Schweinefleisch essen, mhm. Und kannst du trotzdem mit dem Mahdi befreundet sein, auch wenn der Muslim ist?
> F: Ja klar.
> I: Geht das trotzdem? Okay.
> F: Wir sind alle im Kindergarten Freunde. Von da ist das egal.[2]

---
2   Interreligiöse und Interkulturelle Bildung im Kindesalter, Bd. 1, S. 33.

4.1.3 Vorurteilen entgegenwirken

Freilich ergeben sich hier auch interreligiöse Erziehungs- und Bildungsaufgaben: Bei solchen Gruppenzuordnungen kommt es leicht zu Vermischungen, vor allem von Nation und Religion – wenn z. B. Muslime grundsätzlich als »die Türken« identifiziert werden. Da schleichen sich dann auch leicht negative Stereotype ein, wenn das »Wir« und »Ihr« zu »die Deutschen« und »die Türken« usw. wird (S. 189). Damit ist die Aufgabe gestellt, dagegenzuhalten und mit wertungsfreien Klärungen Gegengewichte zu setzen.

> **Wie Vorurteile entstehen**
> Tobi und Arif sind gute Freunde. Sie spielen miteinander, streiten und versöhnen sich. Gestern hat es wieder einmal zwischen den beiden gekracht. Heute aber ist es nichts mit der Versöhnung. Stattdessen sucht Arif Kontakt zu Selim. Die Erzieherin fragt behutsam nach und Arif erzählt: »Meine Eltern haben gesagt, ich soll mir doch besser Freunde suchen, die zu *uns* gehören. Dann ist alles viel einfacher.«

Dass Vorurteilen entgegenzuwirken ist, sollte klar sein: Es hat mit solchen und ähnlichen Erfahrungen zu tun.

> **Info: Wie Vorurteile entstehen**
> Gruppenzuordnungen entstehen durch bestimmte Merkmale und Eigenschaften, in denen sich Unterschiedlichkeit zeigt. Das können Kleidungsstücke (z. B. Kopftuch), körperliche Merkmale (z. B. Hautfarbe), bestimmte Tätigkeiten (z. B. Fußballspielen) sein. Sie können besondere Bedeutung erlangen, zum entscheidenden Unterschied hochstilisiert werden. Sie verbinden sich dann auch leicht mit unbewussten und bewussten, affektiven und kognitiven Zuschreibungen (seltsam, fremd, passend, vertraut, gut). Mit der engen Bindung an die eigene Gruppe und Abgrenzung von anderen entstehen Vorurteile. Diese nähren sich aus der Bevorzugung der eigenen Gruppe und der Abwertung anderer.

Daraus ergibt sich die pädagogische Aufgabe, den engen Verbindungen von Gruppenzugehörigkeit, zugewiesenen Merkmalen und Bewertungen entgegenzuwirken: durch erweiterte Gruppenkonstellationen, durch Vermeidung einseitiger, plakativer, vereinfachender Merkmalszuschreibungen und vor allem im Vermeiden von Wertungen.

> **Info: Typen des Umgangs mit religiöser Differenz**
> Bei Kindern im Kindergartenalter lassen sich verschiedene Typen des Umgangs mit religiöser Differenz beobachten:
> - Noch kein oder nur geringes Differenzbewusstsein hinsichtlich von Gruppenzugehörigkeit. Die Wahrnehmungen bleiben ganz auf einzelne Personen bezogen.
> - Ausgeprägtes Differenzbewusstsein bei geringer inhaltlicher Kenntnis und negativer Einstellung gegenüber der Fremdgruppe.
> - Ausgeprägtes Differenzbewusstsein, mit neutraler oder positiver Einstellung verbunden. An manchen Kindern zeigt sich, dass hohe Identifikation mit der eigenen Religion nicht mit der Ablehnung anderer Religionen verbunden sein muss.[3]

Die religionspädagogische Folgerung daraus kann gerade nicht lauten, religiöse Gruppenzugehörigkeiten bewusst nicht zu thematisieren, um so Vorurteilsbildung zu verhindern. Sondern es gilt Zugehörigkeit im Vermeiden von Einseitigkeiten und Wertungen erfahrbar zu machen: durch breit angelegtes Erkunden und Kennenlernen von Merkmalen religiöser Zugehörigkeit sowie durch Wertschätzung der Personen, an denen sie wahrgenommen werden. So kann es gelingen, den Einflüssen entgegenzuwirken, die Vorurteile fördern.

Wie könnte die Erzieherin etwa zu den Folgen der Streitigkeiten zwischen Tobi und Arif aus dem letzten Beispiel Stellung nehmen?
- Sollte sie die Meinung der Eltern in einem Gespräch mit ihnen zurückweisen?
- Sollte sie bei Arif nachfragen, was denn mit »Wir« und »Sie« gemeint sein könnte und ob das eine oder andere in Wirklichkeit gar nicht zutrifft?
- Sollte sie mit den Kindern nach Zuschreibungen hinsichtlich anderer Kulturen und Religionen suchen, die gut zum Eigenen passen bzw. es gut ergänzen können? (z. B. gleiche Freundlichkeit zu allen Kindern; Gastfreundschaft; Neues, das aus der eigenen Tradition nicht bekannt ist; andere Feste feiern; unterschiedliche Verhaltensregeln, die alle ihren guten Sinn haben ...).
- Sollte sie viele verbindende wie unterscheidende Merkmale sammeln und überlegen, was gut oder weniger gut zusammenpasst – oder sollte sie besser solchen Zuordnungen grundsätzlich aus dem Weg gehen?

---

3 Interreligiöse und Interkulturelle Bildung im Kindesalter, Bd. 1, S. 178.

- Sollte sie bei solchen Zuordnungen auch zur Sprache bringen, was anderen in ihren religiösen Traditionen als fremd und irritierend erscheint, dies aber von Bewertungen freizuhalten suchen?
- Sollte sie Gruppenkonstellationen einfädeln, in denen Tobi und Arif ›zusammengespannt‹ sind?
- Sollte sie Geschichten suchen oder sich ausdenken, in denen differenzierende Beobachtungen und Zuschreibungen von unterscheidenden Merkmalen in einer Weise dargestellt sind, die Vorurteilen entgegenwirken?

- *Welche dieser Überlegungen empfinden Sie als mehr oder weniger aussichtsreich?*
- *Welche anderen Ideen fallen Ihnen dazu ein?*
- *Wie passen diese Beobachtungen zu den im 2. Kapitel beschriebenen interreligiösen Konzeptionen?*
- *Was erfährt mit diesen Beobachtungen Bestätigung?*

4.2 Mitarbeitende – Eigene Religiosität zur Sprache bringen

An Kindern lässt sich beobachten, was sie an Fähigkeiten, Interessen, Entwicklungsmöglichkeiten mitbringen. **Mitarbeitende** in der Kita können auf eigene frühere Erfahrungen zurückschauen und mit Erinnerungen die biografischen Wurzeln ihrer persönlichen Religiosität freilegen. Denn mit ihnen haben sie ihre religiöse Haltung gefunden: Mit ihnen treten sie in die Aufgaben der interreligiösen Erziehung und Bildung ein. Sofern interreligiöse Kompetenz auf einen konstruktiven Umgang mit religiösen Überzeugungen, Einstellungen und Haltungen zielt, beginnt sie bei dem, was die eigene religiöse Biografie bestimmt. Individuelle Religiosität tritt ins Blickfeld – sei es in ihrer Beziehung zu überlieferten religiösen Traditionen, sei es in der Vielfalt anderer Erscheinungsweisen von Religiosität.

So widmet sich ein erster Schritt den religiösen Erfahrungen in der eigenen Lebensgeschichte. Mit deren Austausch zeigt sich religiöse Vielfalt schon im Team. Sie soll zur Sprache kommen und zur Verständigung untereinander führen. Um Auseinandersetzung mit christlichen Überlieferungen geht es in einem zweiten Schritt. Der Fokus richtet sich dabei vor allem auf die Tätigkeit in Einrichtungen in kirchlicher Trägerschaft mit der geforderten christlichen Orientierung der Mitarbeitenden. Kirchliche Zugehörigkeit äußert sich aber gerade nicht in der bloßen Übernahme vorgegebener Glaubensvorstellungen, sondern in der Suche nach dem eigenen Glauben in Auseinandersetzung mit dem Vorgegebenen. In diesen Zusammenhang gehört auch die kontrovers diskutierte Frage nach der Mitarbeit muslimischer Erzieherinnen in Einrichtungen in kirchlicher Trägerschaft.

Ein weiterer Abschnitt nimmt die Frage auf: Wie kann die Zusammenarbeit zwischen Kita und Gemeinde die interreligiöse Erziehung und Bildung fördern?

4.2.1 Biografische Erfahrungen

> **Auf dem Weg zur biografischen Erkundung**
>
> Eine Einrichtung will sich gezielt mit den Herausforderungen religiöser Vielfalt beschäftigen. Da stehen zuerst die unterschiedlichen Weltreligionen, die Zugehörigkeit der Kinder und Familien zu ihnen im Vordergrund: Was wissen wir über diese Religionen? Was sollten wir wissen? Wie werden wir den Erwartungen der ihnen angehörenden Personen im interreligiösen Miteinander gerecht?
>
> Im Gespräch zeigt sich bald, dass es auch um die persönlichen Einstellungen der Mitarbeitenden selbst geht: Wie nehmen wir Religiosität wahr? Wie gehen wir selbst mit Religiosität um? Sie begegnet uns doch in ihrer Vielfalt schon bei uns selbst! Eigentlich wissen wir noch viel zu wenig über unsere eigenen religiösen Einstellungen!
>
> Deshalb machen sich die Mitarbeitenden auf den Weg einer biografischen Erkundungssuche zur religiösen Vielfalt in den eigenen Reihen – im ganzen Spektrum von bewusster Kirchenmitgliedschaft bis zu den Erscheinungsweisen ›impliziter‹ und unscheinbarer, kaum wahrnehmbarer Religiosität. Überlegt werden soll auch, mit welchen Fragen das Private und Persönliche geschützt bleiben und zugleich das Kennenlernen der Vielfalt individueller Religiosität gelingen kann.

Wenn Religion im weiten Sinn zum menschlichen Wesen dazugehört, dürfen wir davon ausgehen, dass sie in allen Biografien vorkommt. Kompetenz für den Umgang mit religiöser Vielfalt zu wecken bedeutet dann, entsprechenden biografischen Spuren Geltung zu verschaffen. Dazu regt eine Fülle von Einzelfragen auf den folgenden Seiten an, welche der schon im Zusammenhang mit den Bildungsrichtlinien vorgestellten Differenzierung folgen. Diese Fragen stellen das Persönliche in einen bekannten, sachlich-objektiven Strukturrahmen. Mit ihm können alle Beteiligten selbst bestimmen, welchen Erinnerungsspuren sie wie tief folgen und wo sie den anderen daran Anteil geben wollen.

4.2.1.1 Fragen nach der eigenen Identität – Was mich stark macht

Wenn es bei Religiosität um das geht, was dem Leben Halt gibt, dann lohnen sich Rückblicke darauf, wer und was dem eigenen Leben Sicherheit gegeben, Vertrauen bestärkt, Eigenständigkeit gefördert und sich in Herausforderungen bewährt hat. Bindungen treten ins Blickfeld, die sich im Festhalten und Loslassen als wirkungsvoll erwiesen haben. Die Erinnerungen kreisen um

- **Personen,** die uns von Kindheit an – in bestimmten Lebensphasen – in besonderen Herausforderungen viel bedeutet haben:
  - Was hat sie für mich so anziehend und hilfreich gemacht?
  - Welche Eigenschaften habe ich an ihnen besonders geschätzt?
  - Bei welchen Schlüsselereignissen ist das zur Geltung gekommen?
  - Aus welchen Kraftquellen haben sie geschöpft?
  - Wie habe ich davon Kenntnis bekommen?
  - Wie sind sie mit Herausforderungen, Enttäuschungen und Niederlagen umgegangen?

- **Gegenstände, Symbole** usw., die uns begleitet haben:
  - Welche Dinge hatte ich immer gern um mich?
  - Welche Botschaften haben sie für mich verkörpert?
  - Wann waren sie für mich besonders wichtig?
  - Standen sie in Bezug zu Symbolen religiöser Traditionen (z. B. Schutzengel, Heiligenfiguren, Kreuzsymbol …)?

- **Lieblingsgeschichten und -autoren,** die uns begleitet haben:
  - Was hat mich an ihnen fasziniert?
  - Worin habe ich mich selbst in besonderer Weise wiedergefunden?
  - Welche Episoden sind mir besonders in Erinnerung geblieben?
  - Warum wohl?

> **Info: Übergangssymbole und unsichtbare Freunde**
> Schnuffeltuch und Kuscheltier – sie sind für die Kleinen von hoher emotionaler Bedeutung. Sie repräsentieren die abwesende Bindungsperson, in ihnen ist sie gleichsam anwesend. Als Vergegenwärtigung einer nicht sichtbaren Quelle des Vertrauens haben sie auch religiöse Bedeutung, und so führt dieser Zusammenhang zur religiösen Symbolik, bei der das Entsprechende für göttliche und himmlische Mächte gilt.

4.2.1.2 Fragen zum Zusammenleben in der Gemeinschaft – eigene Beiträge zum Gelingen

Gewissensbildung weist tief in die eigene Biografie. Es geht um Empathie – und wie sie in persönlichen Verhaltensregeln zum Maßstab eigener Verantwortlichkeit im Sinne von Gerechtigkeit, Mitmenschlichkeit und Mitgeschöpflichkeit geworden ist. Es geht um

- **Personen,** die in ihrer Haltung zu Vorbildern geworden sind:
  - Worin haben sie mich beeindruckt?
  - Worin habe ich ihre Verantwortlichkeit deutlich wahrgenommen?
  - Welche Leitsätze, Lebensweisheiten etc. haben sie mir mitgegeben?
  - Wie haben sie mir Einblicke in ihre Entscheidungen zur Verantwortungsübernahme gewährt?
  - Welchen Autoritäten haben sie sich selbst verpflichtet gefühlt?
  - Welches Verhältnis von Bindung und Freiheit habe ich da gespürt?
  - Haben in diesen Bindungen religiöse Traditionen eine Rolle gespielt?
  - Wenn ja, welche?

- **medial vermittelte Vorbilder,** um Personen, die mit besonderer ethischer Kompetenz in ihrer öffentlichen Wirksamkeit beeindruckt haben:
  - An welche Personen erinnere ich mich gern?
  - Wie habe ich Zugang gefunden?
  - Was hat sie anziehend für mich gemacht?
  - Worin ist ihre gelebte Verantwortung am deutlichsten geworden?
  - Welche Schlüsse habe ich aus ihrem Verhalten für mich gezogen?
  - Haben diese Personen eigene religiöse Bindungen sichtbar gemacht?
  - Auf welche Weise geschah das und wie hat das auf mich gewirkt?
  - Hat das auf meine eigenen religiösen Bindungen Einfluss gehabt?
  - Inwiefern?

4.2.1.3 Fragen zum Wissen und Verstehen – zum Sichtbaren und Geheimnisvollen

Für Religiosität ist auch die kognitive Komponente wichtig. Mit ihr geht es um das Durchdenken von orientierenden Strukturen zum Verstehen der Welt und des eigenen Lebens in ihr. Es geht um Vorder- und Hintergründiges, um Sichtbares und Unsichtbares, um Offenkundiges und Geheimnisvolles, um Fragen bis zu den Grenzen unserer Wirklichkeit und über sie hinaus. Es geht um

- **Fragen und Wissensgebiete,** die mich besonders beschäftigt haben:
  - Welche Neugier, welches Interesse haben sie in mir geweckt?
  - Was hat mich fasziniert, verwundert?
  - Haben sich Fragen nach dem Ursprung der Welt und des Lebens in ihr eröffnet?
  - Wo sind Fragen nach dem Ende von allem entstanden?
  - Zu welchen Lösungen bin ich gekommen?
  - Habe ich auf die Angebote aus religiösen Traditionen zurückgegriffen?
  - Worin haben sie sich als mehr oder weniger hilfreich erwiesen?

- **existenzielle Fragen** nach dem Sinn unseres Lebens und unserer Welt, nach Leben und Tod:
  - Habe ich Erinnerungen, wann und in welcher Weise ich über solche Fragen nachgedacht habe?
  - Wer hat sich dabei als hilfreich im Gespräch erwiesen?
  - Worin hat sich diese Hilfe gezeigt?
  - Was sind meine frühesten Erinnerungen an Fragen nach dem Tod und dem ›Danach‹?
  - Wer hat mich dabei begleitet?
  - Welche Antworten haben mich weiter begleitet?
  - Inwiefern haben sie sich verändert?

- **Fragen nach Gott** im Spektrum von anthropomorphen – menschenähnlichen – Gottesbildern bis zu abstrakten, unpersönlichen Vorstellungen von einer wirkenden Macht hinter allem.
  - Haben Gottesvorstellungen in meiner Biografie eine Rolle gespielt?
  - Wenn ja, welche?
  - Wie sind sie in mir geweckt worden?
  - Wie haben sie sich im Laufe meiner Biografie verändert?
  - In welcher Beziehung stehen meine eigenen Gedanken über Gott zu religiösen Überlieferungen?

- Mit wem konnte ich über meine Vorstellungen von Gott reden?
- Auf welche Weise?
- Welche Rolle haben Texte in meinem Nachdenken über Gott gespielt?
- Inwiefern haben sie mich begleitet?
- Gibt es Sätze über Gott, die für mich wegweisend geworden sind?
- Wie und womit ›bevölkere‹ ich in Gedanken die unsichtbare Welt?
- Was bedeutet ›Himmel‹ für mich?
- Wie komme ich mit unterschiedlichen Vorstellungen davon zurecht?
- Wie haben sie sich verändert?

– **Fragen nach dem Dunklen in der Welt,** nach dem Abgründigen, Bedrohlichen, Bösen:
  - Wann und wie bin ich auf solche Fragen gestoßen?
  - In welcher Weise habe ich sie als bedrängend erlebt?
  - Welche Antworten habe ich gefunden?
  - Auf welche Antwortangebote konnte ich zurückgreifen?
  - Wie haben mich solche Fragen weiter begleitet?
  - Sind sie in bestimmten Situationen besonders gewichtig geworden?
  - Welche Angebote zum Umgang damit waren hilfreich?
  - Welche haben sich als weniger tragfähig erwiesen?
  - Wie standen solche Angebote zu den Überlieferungen der Religionsgemeinschaften?

Info: Grundfragen der Philosophie nach I. Kant
Immanuel Kant hat vier Grundfragen der Philosophie formuliert, in denen auch religiöse Bezüge mitschwingen:
- Was kann ich wissen?
- Was darf ich hoffen?
- Was soll ich tun?
- Was ist der Mensch?

4.2.1.4 Fragen zu fantasievollen Weltdeutungen

Vorstellungen stehen in enger Beziehung zu persönlichen Bildern von der umgebenden Welt, d. h. zum eigenen Verarbeiten der Wirklichkeit zu inneren Bildern. In ihnen geht es um Deutungen und Bedeutungen für jeden Einzelnen. Diese inneren Bilder suchen ihren Ausdruck im fantasievollen, kreativen Schaffen mit seinen unterschiedlichen Ausdrucksmöglichkeiten. Es geht um

- **visuelle Bilder,** die zu kräftigen Erinnerungsbildern geworden sind, die uns begleitet haben, die zu immer wieder neuen Bildern führen:
  - Trage ich Bilder der Natur in mir, in denen ich mich zu Hause fühle, Bilder der Ruhe oder auch Bilder einer anregenden Spannung?
  - Sind es Bilder, die andere ›eingefangen‹ haben, und die zu meinen eigenen geworden sind?
  - Wie verbindet sich in ihnen Reales, Fantasievolles und Visionäres?
  - Sind es Bilder der Fotografie, der Malerei und bildenden Kunst?
  - Sind es eigene Bilder, die in bestimmten Lebensphasen entstanden sind?
  - Spüre ich in diesen Bildern meine Beziehung zu einem mich und die Welt umfassenden Göttlichen?
  - In welcher Weise geschieht das?
  - Gehören zu meinen Bildern auch solche der religiösen Tradition?
  - Welche Bedeutung haben sie für mich?

- **auditive Bilder, Klänge und Musik,** die viel bedeuten, die wie ein akustischer Spiegel der eigenen Person sind, in denen man ›baden‹ kann – Klänge, die Menschen hören und die sie selbst hervorbringen:
  - Was kennzeichnet meine persönliche Klangwelt, welche Spuren hat sie in meiner Biografie hinterlassen?
  - Inwiefern ist sie situationsbezogen, d. h. was brauche ich in bestimmten Situationen in besonderer Weise?
  - Was bringt ›meine‹ Musik in mir zum Schwingen? Inwiefern sind es Verbundenheitsgefühle mit der ganzen Welt, Gefühle von Glück und Schmerz?
  - Inwiefern ist meine Klangwelt auch Gebet im Sinne der Ausrichtung auf ein umgreifend Göttliches?
  - Inwiefern gehört zu meiner Klangwelt auch Musik der überlieferten Religionen dazu?

- **Bewegung, Gesten, Rituale,** die das Leben in seiner Körperlichkeit ordnen und ihm Ausdruck geben:
  - Welche Bewegungen und Gesten gehören zu mir?

- Inwiefern bin ich in ihnen zu Hause, tun sie mir gut?
- Welche Gesten anderer mir gegenüber ›rühren mich an‹?
- An welchen Stellen in meinem Leben im Tages-, Jahres-, Lebenskreis haben sie besondere Bedeutung?
- Welche Botschaften stecken in ihnen, die mir wichtig sind?
- Welche Beziehungen zu ihnen haben sich im Laufe meiner Biografie entwickelt?
- Welche haben in welchen Lebenssituationen besondere Bedeutung gewonnen?
- Inwiefern sind sie für mich und meinen Glauben wichtig geworden?
- Welches Verhältnis zwischen selbst Geschaffenem und Angeeignetem ist für mich bestimmend geworden?

– **Feste und Feiern** mit ihrer die zeitlichen Abläufe strukturierenden und deutenden Kraft:
- Welche Feste und Feiern sind in meiner Biografie bestimmend?
- Was daran wurde für mich besonders wertvoll?
- Welche Rolle nehmen sie in meinen Erinnerungen ein?
- Inwiefern hat sich diese Rolle verändert?
- Wo tauche ich gern eher passiv ins Festliche ein?
- Wo finde ich am aktiven Mitgestalten Freude?
- Welche Lebensbotschaften stecken in meiner Festgeschichte?
- In welcher Weise ist meine Festbiografie mit den Festtraditionen der überlieferten Religionen verbunden?

Die Frage nach den Ursprüngen und der Entwicklung des eigenen religiösen Profils rührt an das, was mehr oder weniger alle Religionen kennzeichnet. Das Erinnern und Nachdenken stärkt die eigenen ›Antennen‹ für das, was Menschen in ihren religiösen Bindungen erleben, was sie beeinflusst und prägt, sie stärkt und bereichert, vielleicht auch bedrängt. Es ist wie ein ›Vergrößerungsglas‹, das zum genauen Wahrnehmen dessen hilft, was Menschen an ihren religiösen Haltungen so wichtig ist, worin sie sich auch als empfindlich und verletzlich zeigen.

Es lenkt den Blick von den äußeren Erscheinungsweisen religiöser Zugehörigkeit und Praxis zu den Menschen mit ihren Überzeugungen und Lebensweisen und erinnert daran, dass es in den religionspädagogischen Aufgaben immer auch um die eigenen religiösen Einstellungen geht, um ein Lernen in personalen Beziehungen. Es führt in die Vielfalt des Religiösen hinein, das weit über die überlieferten religiösen Traditionen hinausgeht.

Zur interreligiösen Kompetenz gehört der bewusste Umgang mit dem, was Religion und Religiosität für Menschen bedeutet. Das, was oft in privater Stummheit verharrt, soll sprachfähig werden, um in den interreligiösen Dialog eintreten zu können. In diesem Sinne ist das Bedenken der eigenen religiösen Biografie und der Austausch darüber schon wichtiger Bestandteil der interreligiösen Erziehungs- und Bildungsaufgaben, in denen es um Sichtbarwerden und Klären von persönlichen Positionen geht – er beginnt in den Gesprächen im Team.

4.2.1.5 Methodische Anregungen zum biografischen Austausch

- Mit ausgewählten und in der Mitte des Stuhlkreises ausgelegten Bildern wird eine entspannte Erzählrunde eingeleitet: Welches Bild spricht mich besonders an? Mit wem möchte ich in einem Dreiergespräch in einen Austausch treten, über den wir danach in der Gesamtrunde berichten?
- Außer Bildern können das auch ausgewählte Gegenstände sein.
- Das Erzählen von Lieblingsgeschichten in kleiner Runde kann zu Reflexionen über das Religiöse in ihnen führen.
- Auf Tapetenbahnen kann eine individuelle Biografiestrecke gemalt werden, die dann zum Austausch einlädt.
- Die Fülle der vorgestellten Fragen kann weiterhin dazu anregen, solche Gespräche jeweils einzelnen Themenkreisen zu widmen.
- Mit den im Team gemachten Erfahrungen wachsen Ideen, so etwas auch mit Eltern zu versuchen. Auch hier ist die vertrauensvolle Atmosphäre eine wichtige Voraussetzung – auch das Gespür dafür, dass Familienreligiosität in den biografischen Erfahrungen lebendig ist. Eltern können in einen Austausch zu der Frage eintreten: Was ist für mein Leben und das meiner Kinder wichtig?

- *Inwiefern haben Ihre biografischen Erkundungen Ihr Verhältnis für Religiöses vertieft bzw. Ihren Zugang dazu erleichtert?*
- *Mit welchen Wahrnehmungen aus dem Alltag der Kita können Sie das veranschaulichen?*
- *Inwiefern hat sich Ihre Sicht auf die religiöse Vielfalt in der Kita erweitert?*
- *Welche Elemente solcher Vielfalt sind Ihnen im Team, bei den Kindern und Eltern bewusster geworden?*
- *Wie verhalten sich Ihre biografischen Erkundungen zu den religionspädagogischen Aufgaben in den vorgestellten interreligiösen Konzeptionen?*
- *In welchen dieser Konzeptionen erscheinen sie Ihnen besonders wichtig?*

4.2.2 Auseinandersetzung mit christlichen Überlieferungen

4.2.2.1 Notwendige Klärungen

Individuelle Religiosität steht in Wechselwirkung mit religiösen Überlieferungen. Diese tragen durch Zustimmung und Abgrenzung viel bei zur Versprachlichung individueller religiöser Erfahrungen. Oft geschieht das durch ein Sich-Abarbeiten am Überlieferten.

> **Kirchenglaube und eigener Glaube**
> In einer Einrichtung ist ein jährlicher Gesprächsabend zur religiösen Erziehung zur Tradition geworden. In einer einleitenden offenen Runde tauschen sich die Eltern über ihre Erfahrungen mit Glaube und Kirche aus. Da wird dann regelmäßig zuerst Unwillen über empfundene kirchliche Zwänge von der eigenen Kindheit an geäußert – das öffnet das Tor zu Vorstellungen davon, welchen Glauben die Eltern ihren Kindern und auch sich selbst wünschen.
>
> *Wo beobachten Sie solches Sich-Reiben an religiösen Überlieferungen?*

Individuelle Religiosität gewinnt ihre Konturen in der Auseinandersetzung mit Überliefertem. Einrichtungen in kirchlicher Trägerschaft erwarten, dass Mitarbeitende ihren persönlichen Glauben in konstruktive Beziehung zu den kirchlichen Überlieferungen setzen können. Sie sollen ihren religiösen Standort, ihre Überzeugung, ihren eigenen Glauben im Kontext der Religionsgemeinschaft, zu der sie gehören, leben und zeigen können. Es geht dabei in jedem Fall um den persönlich vertretenen und verantworteten Glauben, denn nur der ist in interreligiöser Sicht dialogfähig.

In Kapitel 3 wurde der Monotheismus als Ausrichtung auf den einen, transzendenten, alles umfassenden Gott hin vorgestellt. Dem entspricht auf der Seite der Menschen in der Vielfalt ihrer geschichtlichen und kulturellen Traditionen die Unterschiedlichkeit, in der sie ihren Glauben leben. Das führt über die drei monotheistischen Religionen weiter zu Konfessionen und hin zur Vielfalt der individuellen Aneignung, die dem je eigenen Glauben sein Profil gibt. Dieses Profil gilt es stets im Zusammenhang von Gemeinsamkeit stiftenden religiösen Überlieferungen und deren individueller Aneignung zu sehen.

Glaube im Dialog mit anderen Religionen bedeutet auch, Anregendes aus anderen Traditionen, z. B. spirituelle Praxis, Naturverbundenheit usw. ins Eigene einzubeziehen. Auch das gilt es mit Blick auf konfessionelle Bindung zu bedenken. In all dem geht es um die Fragen: Wo kann ich gut an christliche Traditionen anknüpfen, was davon bekommt viel Raum? Was ist mir fremd? Wo bin ich im suchenden Verstehen? Was kann ich mit meinen biografischen Erfahrungen bestätigen und veranschaulichen? Wo fehlen mir Anhaltspunkte? Auf diese Weise öffnet sich konfessionelle Einheitlichkeit zur individuellen Vielfalt, die nicht verwirrt, weil orientierende Bezüge transparent bleiben: Bezüge zu begründenden Überlieferungen und zu wichtigen Personen. Solche Klärung ist zugleich die Voraussetzung für die religionspädagogisch gestalteten Begegnungen mit anderen Religionen und religiösen Überzeugungen.

4.2.2.2 Beispiele aus der religionspädagogischen Praxis

Wo kommt so gewonnene persönliche und aus dem christlichen Selbstverständnis begründete Haltung in der konkreten Kita-Arbeit zur Geltung?

Beim Erzählen biblischer Geschichten taucht immer wieder die Frage auf, wie nahe man sich an die biblische Vorlage zu halten habe bzw. wie weit man sich davon unter Einsatz der eigenen Fantasie entfernen dürfe. Werden die Kinder verwirrt, wenn sie die Geschichten ganz verschieden erzählt bekommen?

> **Persönliche Freiheit beim fantasievollen biblischen Erzählen**
> Zu Beginn des Erzählens sagt die Erzieherin: »Ich erzähle euch eine Geschichte aus der Bibel – so wie ich sie mit meinen inneren Augen gesehen habe, wie sie in mir lebendig geworden ist. Ich erzähle euch, was mir in dieser Geschichte ganz besonders wichtig geworden ist.«
>
> *Wie würden Sie den Zusammenhang von Überlieferungen und persönlichem Glaubens verdeutlichen?*

Es stellt sich auch die Frage nach der Auswahl von Geschichten: Zu welchen finde ich Zugang, zu welchen nicht?

> **Persönliche Freiheit in der Auswahl**
> In einer kirchlichen Einrichtung fühlen sich einige Erzieherinnen bei religionspädagogischen Aufgaben noch sehr unerfahren. Zu den Familiengeschichten des Alten Testaments um Abraham, Jakob und Josef, zu den Jesusgeschichten von der Kindersegnung oder Zachäus finden sie guten Zugang, zu den Passions-, Oster- und Pfingstgeschichten fehlt er ihnen noch. Vielfalt zeigt sich den Kindern so in der Nähe und Distanz der Mitarbeitenden zu den christlichen Traditionen. Die einen bringen ein weites Spektrum ein, andere sind sehr zurückhaltend. Die einen erzählen aus dem Schatz des Angeeigneten, andere hören dabei zu, singen mit den Kindern eher die Lieder, bauen die Figurenlandschaft auf usw.

Entsprechendes zeigt sich im Umgang mit den Gebeten: Die einen zeigen ihre Nähe zu freien Gebeten, finden ohne Schwierigkeiten zu ihren eigenen Gesten und Worten. Andere haben Hemmungen, zeigen ihre Zurückhaltung, beschränken sich lieber auf Gebetslieder oder schon vertraute Reimgebete.

Wie beschreiben Sie Ihre Distanz und Nähe zu der in der Kita praktizierten religionspädagogischen Praxis?

Kinder erleben so schon innerhalb des christlichen Traditionszusammenhangs Vielfalt, die sie gut an den Personen festmachen können, die sich glaubwürdig in ihren Überzeugungen zeigen.

Persönliche Freiheit im Urteilen
Eltern bitten die Erzieherin um Auskunft, welche Kinderbibeln sie empfiehlt. Die Erzieherin macht keinen Hehl daraus, dass sie sehr kritisch darauf sieht, welche Gottesbilder diese Bibeln vermitteln. Texte und Bilder, die einen Gehorsam fordernden und strafenden Gott in den Vordergrund rücken, lehnt sie ab. Sie begründet das mit ihrer persönlichen Überzeugung. Sie bezieht das auch auf das ihrer Überzeugung nach Zentrale des christlichen Glaubens, das sie im sich zuwendenden, dem helfenden und begleitenden Gott sieht.

Was wird erleichtert, was könnte schwierig werden, wenn Sie sich so mit den eigenen Überzeugungen zeigen?

Christliche Traditionen laden zu Entdeckungsreisen ein: Da können sich auch persönliche Interessenprofile entwickeln, mit denen sich in der Einrichtung Vielfalt zeigt.

Persönliche Freiheit im Einbeziehen von Elementen anderer Kulturen
Eine Erzieherin hat ihre Freude an meditativer Praxis entdeckt, lädt auch die Kinder dazu ein. Sie erklärt auf Nachfragen, dass sie sich durch Yoga-Erfahrungen bereichert fühlt, dies aber gut in den christlichen Zusammenhang integrieren kann. Im Team wird beraten, ob dies zum christlichen Profil der Einrichtung passt.

Wie denken Sie darüber?

Die Spannung von Zugehörigkeit zum christlichen Glauben und Freiheit in der Suche nach dem eigenen Glauben sollte auch Einstellungsgespräche bestimmen. Wie viel von dieser Spannung wird der Erzieherin zugestanden, mit wie viel Unterschiedlichkeit im Team werden Kinder und Eltern wohl gut zurechtkommen?

> **Was bringen Erziehende in einer Kita in kirchlicher Trägerschaft ein?**
> Die Arbeit am christlichen Profil der Einrichtung führt im gemeinsamen Gespräch von Team und Trägervertretern auch zum Abklären von Erwartungen bei der Anstellung neuer Mitarbeitender. Die Beteiligten kommen anhand folgender Aussagen und deren Beurteilung ins Gespräch.
> - Ich möchte mich mit meiner eigenen religionspädagogischen Unsicherheit noch sehr zurückhalten.
> - Mit der Institution Kirche habe ich große Probleme, aber in den religionspädagogischen Aktivitäten in der Kita, im Erzählen aus der Bibel, im Feiern der christlichen Feste sehe ich gute Möglichkeiten, die von diesem Problem nicht berührt werden.
> - In Bibelkenntnissen und im Umgang mit christlicher Tradition stehe ich ganz am Anfang.
> - Ich habe klare Vorstellungen vom christlichen Glauben und will das auch energisch vertreten, damit sich die Kinder ohne Widersprüche in den Glauben einleben können.
> - Ich bin neugierig nach allen Seiten, möchte mir über den Tellerrand des Christentums hinaus bewusst auch aus anderen Religionen Impulse und Anregungen holen.
>
> *Wie beurteilen Sie diese Aussagen?*
> *Welche Ihnen wichtigen Einstellungskriterien lassen sich daraus ableiten?*
> *Welche ergänzenden Aussagen können Sie noch einbringen?*

Wichtig ist, dass in transparenten Kriterien der eigene Glaube im Bezug zur biblisch-christlichen Tradition und zur aktiven Toleranz gegenüber anderen Religionen und religiösen Haltungen zur Geltung kommen kann.

> **Mögliche Einstellungskriterien**
> - Die einzustellende Person muss sich mit dem Profil der Einrichtung einverstanden erklären und bereit sein, es zu unterstützen.
> - Die einzustellende Person muss sich für Gespräche über Religion und Glauben offen zeigen und bereit sein, eigene Ansichten und Überzeugungen einzubringen.
> - Die einzustellende Person muss bereit sein, gemeinsam mit Leitung und

Träger einen Fortbildungsweg zu vereinbaren, auf dem sie unverzichtbare religionspädagogische Kompetenzen erwerben kann.
- Die einzustellende Person muss sich der Echtheit gewiss sein, in der sie religionspädagogische Inhalte mit ihrer eigenen Persönlichkeit vertritt.
- Die einzustellende Person muss Interesse zeigen an den Zusammenhängen von pädagogischen und religionspädagogischen Bildungszielen.
- Die einzustellende Person muss bereit sein, in ihren Aktivitäten die Vielfalt des Religiösen in den Blick zu nehmen und im Blick zu behalten.
- Die einzustellende Person muss bereit sein, sich an interreligiösen Erziehungs- und Bildungsaufgaben zu beteiligen.
- Die einzustellende Person muss bereit sein, im Gefüge der in der Konzeption festgelegten religionspädagogischen Aufgaben ihren eigenen Platz zu finden.
- Die einzustellende Person muss bereit sein, in den religionspädagogischen Herausforderungen gemeinsam im Team weiterzudenken, Ideen zu suchen und zu erproben.

Welche dieser Kriterien erscheinen Ihnen sehr bzw. weniger wichtig?
Welche würden Sie noch ergänzen?

4.2.3 Die muslimische Erzieherin in einer Einrichtung in kirchlicher Trägerschaft

Nach derzeit noch weithin praktizierter Regelung kann in einer kirchlichen Einrichtung nur angestellt werden, wer die Mitgliedschaft in einer der AcK (Arbeitsgemeinschaft christlicher Kirchen) angehörenden christlichen Gemeinschaft nachweisen kann. Immer mehr zeigt sich, dass zum einen für muslimische Erzieherinnen diese Einschränkung einem Berufsverbot gleichkommt. Viel gewichtiger aber ist zum anderen, dass muslimische Erzieherinnen in kirchlichen Einrichtungen mit einem Anteil muslimischer Kinder besondere Aufgaben in der interreligiösen Erziehung und Bildung wahrnehmen können.

Aus den bisherigen Überlegungen ergeben sich folgende Aufgabenstellungen:
- Die muslimische Erzieherin ist dazu bereit, das pädagogische, religionspädagogische und besonders interreligiöse Konzept der Einrichtung mitzutragen.
- Sie ist eine wichtige Ansprechpartnerin und Vertrauensperson für muslimische Eltern.
- Als ein in ihrer religiösen Bindung anerkanntes Mitglied im Team praktiziert sie aktive Toleranz mit persönlicher religiöser Position und Offenheit für Verständigung, mit Respekt für alle Religiosität.
- Sie zeigt ihre dialogfähige Distanz zur christlichen Tradition und Nähe zu

ihrer eigenen in einer Weise, die den muslimischen Kindern hilft, es in entsprechender Weise zu tun.
- Sie zeigt, wie sie mit ihrer ganzen Persönlichkeit ihre religiöse Bindung lebt.
- Sie hilft mit, Kontakte zu weiteren Personen zu knüpfen, die den Kindern Einblicke in gelebte islamische Frömmigkeit geben können, z. B. bei Moscheebesuchen.
- Sie ist wichtige Informantin zu Lehre und Leben im Islam.
- Sie ist Dialogpartnerin für christlich-muslimische Gespräche zum monotheistischen Glauben in Verschiedenheit.
- Sie bringt bei den zu klärenden Herausforderungen die muslimische Sichtweise ein und gibt so Anregungen, »in den Schuhen der anderen zu gehen«.

Bei Einstellungsgesprächen wäre darauf zu achten, ob und wie diese Kriterien erfüllt werden können. Dabei geht es auch um Unterstützung, damit sie in diese Rolle hineinwachsen kann.

4.2.4 Das christliche Profil der Kita als Teil des Gemeindeprofils

Mit den Fragen nach der interreligiösen Kompetenz der Mitarbeitenden in einer kirchlichen Einrichtung ist auch das Trägerinteresse an solchen konzeptionellen Überlegungen berührt. Gute Zusammenarbeit innerhalb der christlichen Gemeinde kann zum Gewinn für beide Seiten werden. Damit öffnet sich der Blick über die Kita hinaus auf die Gemeindearbeit in ihren verschiedenen Facetten.

Mit einem klaren interreligiösen Konzept im Spannungsfeld von eigener Position und Offenheit für Begegnungen können Befürchtungen abgebaut werden, das kirchliche Profil nähme mit dem Wahrnehmen und Bedenken nicht christlicher Religiosität Schaden.

> **Mitarbeiterteam und Gemeindeleitung im Gespräch**
> Mindestens einmal im Jahr nimmt sich das kirchliche Beschlussgremium Zeit für einen Abend in der Kita. Die Mitarbeitenden berichten von ihrer Arbeit, vergessen auch nicht, den Akzent bei der interreligiösen Thematik zu setzen. Sie berichten von Herausforderungen und wie sie im Sinne eines christlich verantworteten Profils gelöst wurden. Sie machen deutlich, wie gerade durch die »Sicht mit den Augen der anderen« auch der Blick für das Eigene geschärft wurde.

Mit dem Blick auf muslimische Familien in der Kita und im Gemeindebereich werden auch deren Lebensverhältnisse anschaulich bewusst. Gemeinden entdecken ihre gemeindenahen diakonischen Aufgaben.

Ehrenamtliche in der Kita

Erzieherinnen berichten im Gespräch mit dem Trägervertreter, dass Migrantenkinder wegen sprachlicher Hürden ungünstige Startchancen für ihren Bildungsweg haben. Das belebt die Bereitschaft, Ehrenamtliche zu gewinnen, die sich in Zusammenarbeit mit dem Hort in der Hausaufgabenbetreuung engagieren. Wahrnehmungen anderer religiöser Familientraditionen, die sich aus Begegnungen eröffnen, werden in die Gemeindegremien eingebracht und fördern Ideen zum interreligiösen Miteinander.

Religiöse Verschiedenheit bezieht auch die religiös Distanzierten ein. Für sie kann die Kita zum Ort der Begegnung werden, an dem sie unverbindlich Kontakte mit christlich engagierten Personen knüpfen und dabei auch Vorurteile abbauen können. Umgekehrt wird in Gesprächen mit ihnen deutlich, wie weit weg die christlichen Traditionen mit ihrer religiösen Sprache oft von der Erfahrungswirklichkeit solcher Familien sind. Das rückt die Aufgabe ins Bewusstsein, christliche Botschaften auf solche Erfahrungen hin zu elementarisieren.

Kita-Erfahrungen regen Klärungen in der Gesamtgemeinde an

In einer Elternveranstaltung wird auch nach dem christlichen Profil der Einrichtung, nach Begründungen vom christlichen Glauben her samt religionspädagogischen Konsequenzen gefragt. Anwesende Mitglieder der Gemeindeleitung spüren, wie schwer sie sich tun, in ihrer Argumentation die Eltern zu erreichen. Gemeinsam mit dem Kita-Team wird überlegt, wie man als Kirche noch besser auf diese Familien zugehen könnte.

In der Diskussion zur interreligiösen Pädagogik in der Kita taucht die Frage nach dem Missionsauftrag einer christlichen Gemeinde auf. Das fordert auch in der Gemeinde zu grundsätzlichen Überlegungen heraus, wie christlicher Auftrag und interreligiöses Profil zusammenpassen. Mit der Möglichkeit zu unmittelbaren Gesprächen mit nicht christlichen Personen lassen sich die Überlegungen immer wieder an anschaulichen Beispielen überprüfen. Christlicher Auftrag bekommt so im Zeichen des Dialogs neue Konturen.

Interreligiöse Begegnungen geben anderen Gruppen Impulse

Aus den Erfahrungen in der Kita mit Begegnungen in der Moschee kommt es in der Gemeinde zu Kontakten der Konfirmandengruppe mit einer Korangruppe, die sich regelmäßig in der nahe gelegenen Moschee trifft. Es entsteht ein Projekt gegenseitiger schriftlicher Befragung. Jede Gruppe stellt Fragen, bekommt Antworten und stellt neue Fragen. Da geht es einerseits um das Verständnis der Dreieinigkeit Gottes, um Jesu Auferstehung und den Heiligen Geist, um die Bedeutung der Taufe – und andererseits um die Bedeutung Mohammeds, seine Verehrung und die Empfindlichkeit gegenüber abschätzigen Bemerkungen, um Islamismus, den islamischen Festkreis und vieles andere. Das Formulieren von Fragen genauso wie das Suchen nach Antworten fordert heraus, motiviert aber auch sehr, sich mit der anderen Religion zu beschäftigen und sich damit zugleich noch intensiver mit der eigenen zu befassen.

Erfahrungen in der Kita mit interreligiösen Aktivitäten können in neu entstehende Aufgaben der Gemeinde eingebracht werden.

Interreligiöses Feiern mit Modellcharakter für andere Bereiche
Der Rektor der Hauptschule hat großes Interesse, die jährliche Schulabschlussfeier mit religiösen Bezügen zu gestalten, dabei aber ausdrücklich auch die muslimischen Familien einzubeziehen. Wie kann das klar und ohne religiöse ›Gratwanderungen‹ geschehen? Die durchdachte interreligiöse Konzeption samt zugehöriger Praxiserfahrungen der Kita kann dazu wichtige Anregungen geben.

Bei interreligiösen Fragen sind oft theologische bzw. religionskundliche Hilfestellungen gefragt: Worin unterscheiden sich Christentum und Islam? Wo sind die Gegensätze und wo öffnen sich Verständigungsmöglichkeiten im Gemeinsamen? Die Bitte um theologische Unterstützung gibt der Kita Sicherheit – und fordert zugleich die theologischen Fachleute heraus, sich intensiver mit interreligiösen Fragen zu beschäftigen.

Interreligiöse Herausforderungen beleben hilfreiche Gespräche
Mit den Fragen zum religiösen Profil der kirchlichen Einrichtung entstehen viele Fragen zum christlichen Selbstverständnis wie zum Verständnis anderer Religionen. Gespräche mit kundigen Fachleuten werden als sehr hilfreich erlebt. So entsteht der Wunsch, diese Gespräche zu institutionalisieren, sie nicht mehr der Zufälligkeit zu überlassen. In bestimmten Abständen findet ein »Glaubensgespräch« statt, zu dem die Mitarbeitenden Fragen sammeln, die dann gemeinsam besprochen werden.

Interreligiöse Aktivitäten können durch Unterstützung in der Gemeinde eine größere Wirksamkeit in der Öffentlichkeit bekommen.

Interreligiöse Praxis gewinnt durch Trägerbeteiligung an Wirkung
Seit einiger Zeit wird den Familien anderer Religionen, die Kinder in der Kita haben, zu ihren religiösen Festen gratuliert. Daran beteiligt sich nun auch der Träger und zeigt damit sein Interesse an dem interreligiösen Miteinander.

Die Erzieherinnen haben darauf zu achten gelernt, im Ramadan keinen Elternabend anzusetzen. Nun kommt umgekehrt die Idee, gemeinsam mit christlichen und muslimischen Familien das tägliche Fastenbrechen im Gemeindehaus an einem bestimmten Tag im Ramadan zu feiern. Mit einem Impuls aus der Kita wird dieses Fest für die ganze Gemeinde geöffnet und rückt das Fastenbrechen mit Ankündigungen und Berichten in das öffentliche Interesse.

4.3 Gemeinsam mit den Eltern zur interreligiösen Verständigung finden

Interreligiöse Erziehung und Bildung ist in der Kita ohne intensive und aufmerksame Elternpartnerschaft undenkbar. Immer wieder kamen in den vorangegangenen Kapiteln die Eltern in den Blick: in ihrem Recht, stellvertretend für ihr Kind die gesetzlich geschützte Religionsfreiheit in Anspruch zu nehmen, in den pädagogisch zu gestaltenden Übergängen von der Familie in die Kita und damit von der Familienreligiosität in die öffentliche Einrichtung. Am herausforderndsten ist es, wenn religiöse Bindungen der Eltern und Familien in Spannung geraten zu religionspädagogischen Aktivitäten in der Kita. Dann stehen Bewährungsproben für die interreligiöse Kompetenz der Erziehenden in der Einrichtung an. Um sie geht es in diesem Abschnitt. Was im dritten Kapitel als theologische Dialogfähigkeit entfaltet wurde, fordert im multireligiösen Alltag der Kita zu sorgfältigen Klärungen mit den Eltern heraus – Klärungen, die den Bedingungen des religiösen Dialogs gerecht werden sollten. Zuerst werden aus Sicht der Erziehenden Schritte eines solchen Dialogs erschlossen und dann in etlichen exemplarischen Beispielen in der Einrichtung erprobt.

4.3.1 Voraussetzungen für konstruktives Problemlösen

Bei diesen Schritten geht es um eine Zusammenschau verschiedener Herausforderungen:

Eine wichtige Grundregel für dialogische Gespräche ist, immer beim vorhandenen **Gemeinsamen** zu beginnen und es auch weiterhin im Blick zu behalten. Es geht um sogenannte **Fremdheitskompetenz,** d. h. um einen Umgang mit dem anderen und Fremden, der ihm gerecht wird. Persönlich herausfordernd ist es, sich dem anderen zu stellen, ihm nicht auszuweichen, es zuzulassen und dann mit ihm zurechtzukommen.

In den Überlegungen zur theologischen **Dialogfähigkeit** war das Spannungsverhältnis von Position und Offenheit schon im Blick, das Wechselspiel von Vergewisserung der eigenen Position und verständnisvollem Wahrnehmen des Gegenübers – und in all dem auch das Würdigen und Einbeziehen der verbindenden Gemeinsamkeiten. Das gilt es mit dem Blick auf die folgenden ›Schritte‹ zu berücksichtigen. Im Anschluss an die von Lothar Krappmann beschriebenen ›**Schritte der Identitätsfindung**‹ in der Auseinandersetzung mit anderem und Widersprüchlichem ergeben sich entsprechende Schritte interreligiöser Kompetenz, die es in konkreten Beispielen zu erproben gilt.

In den vorangegangenen Abschnitten war die Perspektive der Vielfalt individueller Religiosität im weiten Sinne sowie die Vielfalt in der Suche nach dem eigenen Glauben im Rahmen christlicher Überlieferungen bestimmend. In diesem Abschnitt kommt auch wieder der Umgang mit der Vielfalt der Religionen und Weltanschauungen in den Blick – einschließlich bewusster Ablehnung religiöser Bindungen.

> **Info: Schritte der Identitätsfindung**
> Lothar Krappmann hat mehrere **Schritte der Identitätsfindung** beschrieben, die sich hier gut einbeziehen lassen:[4]
> - **Rollendistanz** als Zurücktreten von unmittelbaren Handlungsimpulsen, um sich zu vergewissern, was der eigenen Rolle entspricht.
> - ›**Role taking**‹ und Empathie als Perspektivenwechsel, als Versuch, eine Situation aus der Sicht des Gegenübers wahrzunehmen und zu verstehen.
> - **Ambiguitätstoleranz** als das Bemühen, das Widersprüchliche auszuhalten und zu einer Lösung zu finden.
> - **Identitätsdarstellung** als Präsentation und Umsetzung der gefundenen Lösung.

---

[4] Lothar Krappmann: Soziologische Dimensionen der Identität. Strukturelle Bedingungen für die Teilnahme an Interaktionsprozessen, Stuttgart 1971.

4.3.2 Schritte des kompetenten interreligiösen Problemlösens

4.3.2.1 Vom Gemeinsamen ausgehen

Etwas Neues tritt ins Blickfeld, wird zu einer Herausforderung. Kontakte entstehen, Verständigung beginnt. Statt mit dem Unterschiedlichen, Trennenden zu beginnen, gilt es Anknüpfungspunkte im Gemeinsamen zu suchen: In der Begegnung geht es um das Miteinander, um die gemeinsame Verantwortung für die Kinder, um das Einverständnis, dass religiöse Fragen und Themen bedenkenswert erscheinen, um Anknüpfungsmöglichkeiten an gemeinsam Bekanntes und Vertrautes. Vielleicht verbindet es schon, gemeinsam auf der Suche zu sein, weil Religion für das Leben aller Beteiligten als wichtig erscheint. Wenn es in der dialogischen Begegnung auch viel um die Klärung von Unterschieden geht, so ist in der persönlichen Beziehung schon das Verständnis für Gemeinsames angelegt, und es soll in dieser Beziehung wachsen können.

4.3.2.2 Fremdheitsempfindungen zulassen

Aber ich sollte unmittelbaren Impulsen nicht gleich nachgeben, die das Unterschiedliche ausräumen, das Fremde aus meinem Blickfeld verbannen wollen: Was am Neuen empfinde ich als Herausforderung? Inwiefern ist es Anderes, Ungewohntes, Fremdes, das mir da gegenübertritt? Welche Fremdheitsgefühle löst es in mir aus? Welche Distanz empfinde ich? Damit das Andere auch als das Andersartige und Fremde sein Recht behält, muss ich es mir bewusst machen, ihm gegenübertreten, es in seiner Andersartigkeit wahrnehmen, seine Fremdheit spüren.

> **Fremdheitsempfindungen zulassen**
>
> In einer Fortbildung stellen die Erzieherinnen zunächst übereinstimmend fest, dass sie keinerlei Probleme mit kultureller und religiöser Fremdheit hätten. Sie kämen gut mit Kindern und Eltern zurecht. Im weiteren Gesprächsverlauf aber zeigt sich, dass Fremdheitsempfindungen unterschwellig wirken, etwa in abfälligen Bemerkungen über eine Mutter, die sich gerade so unverständig gezeigt hat, in Gesten gegenüber Kindern, die mehr Distanz als Nähe anzeigen. Das erzeugt widersprüchliche Botschaften, mit denen die Beteiligten dann schwerer zurechtkommen als mit klaren Signalen sich selbst und den anderen gegenüber. In diesem Zusammenhang wird auch bewusst, dass manche von Eltern ausgehenden Fremdheitssignale wie Unsicherheit, Zögern usw. gar nicht als solche wahrgenommen und beachtet werden.

4.3.2.3 Das Eigene sich und den anderen deutlich zeigen – Rollendistanz

Deshalb ist es so wichtig, den eigenen Standpunkt auch klar benennen zu können, um dem Unterschiedlichen und Gegensätzlichen bewusst gegenüberzutreten. Das schafft Klarheit für Gesprächspartner und führt zum nächsten Schritt, in dem dann ein entscheidender Perspektivenwechsel erfolgt.

4.3.2.4 Gesprächspartner zu verstehen versuchen – »Role taking«

Das Andere gehört unverzichtbar dazu. Deshalb muss man sich ehrlich und unvoreingenommen auf die Sichtweisen des Gegenübers einlassen, ihm Raum für die Darstellung des Seinen einräumen. Das bedeutet, auf Augenhöhe mit ihm zu sein. Dieser Sichtwechsel hat Folgen. Er schließt die Bereitschaft ein, manches nun anders und klarer zu sehen als vorher, sich Vorurteile einzugestehen und sich von ihnen zu trennen. Begegnung mit Fremdem braucht Fairness, in der das Gegenüber auch wirklich ernst genommen wird. Sich auf Augenhöhe zu begegnen verbietet es auch, vermeintliche eigene Überlegenheit gegen empfundene Schwächen des Gegenübers auszuspielen. Nur so kann Überzeugendes auf beiden Seiten zur Geltung kommen.

4.3.2.5 Lösungen suchen – Ambiguitätstoleranz

Ziel ist es, Wege und Möglichkeiten zu finden, in denen sowohl die eigenen Interessen als auch die der anderen angemessene Orte im Miteinander finden können. So können sich die Rollen von Distanz und Nähe bewähren, mit denen sich die Anwesenheit der anderen in der Gemeinschaft entfalten kann. Das Bewusstsein für Fremdes hilft, es auf das zu begrenzen, was wirklich fremd ist.

4.3.2.6 Perspektiven gewinnen – Identitätsdarstellung

Interreligiöse Kompetenz zielt schließlich darauf, in der Begegnung mit dem Anderen die »Schnittmengen« des Gemeinsamen zu vergrößern, neues Einverständnis zu schaffen, gemeinsame Perspektiven zu gewinnen. Mit der Normalität des Fremden kann so auch eine Vertrautheit mit ihm wachsen. Das darf aber nie zum überfordernden Missverständnis führen, dass das Ziel gelingender Gemeinschaft die Überwindung des Fremden sei. Normalität bedeutet vielmehr Selbstverständlichkeit des Fremden, in der es auch fremd bleiben darf und gerade damit der Normalität der Vielfalt im Miteinander seine Farben gibt.

Diese sechs Schritte kehren in den nachfolgenden Beispielen wieder.

4.3.3 Problemlösungen in Dimensionen des pädagogischen Geschehens

Der Zusammenhang pädagogischer, religionspädagogischer und interreligiöser Erziehungs- und Bildungsaufgaben in der Kita lässt sich gut anhand sog. Dimensionen[5] aufzeigen und strukturieren. Sie führen von grundsätzlichen Aufgabenstellungen unmittelbar in praktische Konkretionen hinein.

Im Folgenden werden solche zentralen Dimensionen aufgenommen und auf ausgewählte interreligiöse Problemstellungen hin zugespitzt. Bei deren Lösung können sich die Schritte eines kompetenten interreligiösen Handelns in Vereinbarungen mit Eltern unterschiedlicher religiöser Orientierungen bewähren.

Diese Konkretionen sollen dabei helfen, in den je verschiedenen Situationen vor Ort die jeweils angemessene eigene Anwendung dieser Schritte zu finden. Dass es in der interreligiösen Zusammenarbeit mit Eltern viel gutes Einverständnis und problemlose gemeinsame Aktivitäten gibt, wird im Folgenden mitgedacht und nicht eigens thematisiert.

Die an solchen ausgewählten Dimensionen veranschaulichten Schritte des konfliktlösenden Dialogs mit Eltern werden aus der Sicht von Mitarbeitenden der Kita beschrieben.

4.3.3.1 Dimension Raum: Erfahrungen mit dem Kirchenraum

(1) In unserer religionspädagogischen Konzeption als Kita in kirchlicher Trägerschaft sind kirchenpädagogische Erkundungen fest verankert. Dazu gehören neben Kirchen- auch Moscheebesuche. An beiden Orten können sich christliche, muslimische und religiös anders gebundene Kinder in den Rollen von Nähe und Distanz erproben, beidseitig religiöse Gastfreundschaft erleben und genießen. In Gesprächen nehme ich wahr, dass uns Räume viel bedeuten, auch solche, die zur Ruhe und Stille einladen, Räume, »in denen man gut an Gott denken kann«, wie es ein Kind einmal formuliert hat. Doch einige muslimische Eltern lehnen diese Besuche ab, empfinden das als religiöse Vereinnahmung ihrer Kinder.

(2) Dieser Widerstand gegen die bewährte Praxis irritiert mich. Ich kann mir die Einwände nicht erklären. Die schnellste Lösung wäre, entweder die Kirchenbesuche einzustellen oder die Kinder der betroffenen Eltern anders zu beschäftigen oder in dieser Zeit den Eltern zu überlassen. Aber wäre das das Beste?

(3) Ich mache mir bewusst, wie ich mich in den vertrauten Räumen der Kita

---

5 Christoph Scheilke/Friedrich Schweitzer (Hg.): Kinder brauchen Hoffnung. Religion im Alltag des Kindergartens, Gütersloher Verlagshaus, Gütersloh 1999 ff. (jetzt: Comenius-Institut Münster).

wohlfühle, wie für mich auch die christliche Symbolik einer kirchlichen Einrichtung dazugehört – auch, dass ich gern regelmäßig mit den Kindern die nahe gelegene Kirche besuche. Das möchte ich nicht missen, halte es auch als ein zentrales Element unserer Religionspädagogik fest.

(4) Gleichzeitig erinnere ich mich, wie ungewohnt und fremd ich mir bei meinen ersten Besuchen in der Moschee vorkam. Ich versuche nachzuempfinden, wie »neue« Eltern unsere Kita wahrnehmen und auch, mit welchen Gefühlen – vielleicht auch inneren Widerständen – sie einen Kirchenraum betreten. Deren Fremdheitsgefühl möchte ich ernstnehmen. Welche Lösungen bieten sich an?

(5) Wir planen gemeinsam für alle Eltern und Kinder ein neues Kirchenerkundungsprojekt mit Vorgesprächen zu dem, was in der Kirche geschieht. Wir versuchen zu ergründen, was Menschen ohne »Kirchenerfahrung« an unserem Kirchenraum interessieren könnte, versuchen bei ihren Moschee-Erfahrungen anzuknüpfen und Verständnisbrücken zu bauen.

(6) Auch bei folgenden wechselseitigen Besuchen in Kirche und Moschee bleibt bei einigen das Gefühl des Fremdseins im je anderen Gotteshaus, die Befürchtung, etwas falsch zu machen, sich nicht angemessen zu verhalten. Wir alle können das jetzt besser verstehen. Gleichzeitig fördern die Entdeckungen im Kirchenprojekt die Vertrautheit mit diesem Raum, sodass er als wichtiger »religiöser Raum« der Kita akzeptiert werden kann.

> **Kirchenführungen für Muslime**
> In einer Gemeinde mit einer reichhaltigen Ausstattung der Kirche wurden Kirchenführungen für Muslime angeboten. Dabei machten die »Kirchenführer« die Beobachtung, dass sich muslimische Personen mit ganz anderem Blick die Kirche ansahen als die kunstinteressierten christlichen Besucher. Sie versuchten das Wahrnehmen und Vergleichen mit Moschee-Erfahrungen aufzunehmen und entwickelten so einen Kirchenführer für Muslime.[6]

4.3.3.2 Dimension Zeit: Feste unterschiedlicher Religionen feiern

(1) Beim Aktualisieren des interreligiösen Festkalenders fällt uns auf, wie die Gestaltung des Jahreszyklus, dessen Strukturierung durch Feste mit ihren Bedeutungen – dem Ernsten wie dem Ausgelassenen, dem Licht in der Dunkelheit, dem Neubeginn – eigentlich für alle Religionen bestimmend ist. In den religiösen Festen finden Leben und Glauben eng zusammen. Das öffnet Türen zum wechselseitigen Verständnis, die wir auch gern in unserer Einrichtung durch-

---

6 Haringke Fugmann: Kirchenführer für Muslime. Gottesdienst-Institut der Ev.-Luth. Kirche in Bayern, Nürnberg.

schreiten wollen. Bei den Eltern ist Bereitschaft da, sich darauf einzulassen. Unser interreligiöser Festkalender füllt sich rasch mit vielen Ideen, was da alles miteinander gefeiert werden könnte.

(2) Aber angesichts dieser Ideen spüre ich auch inneren Widerstand. Den teile ich anderen mit und finde Zustimmung. Der Vorschlag, das Thema »Dunkelheit und Licht« mit dem hinduistischen Diwali-Fest zu begehen, erscheint mir schon sehr fremd.

(3) Mir wird bewusst, wie tief ich in den christlichen Festen verwurzelt bin. Ich kann mir nicht vorstellen, unser Festjahr in der Kita nach Themen zu gliedern, die jeweils von verschiedenen Religionen her gestaltet werden. Schließlich bestimmt der christliche Festkreis auch weithin das öffentliche Leben und wirkt tief in die Familien hinein. Deshalb erscheint es mir unverzichtbar, diesen Festkreis in seiner Gesamtheit bewusst zu halten. Ich habe auch keine Vorstellung davon, welche Rolle ich z. B. bei der gemeinsamen Feier des islamischen Fastenbrechens einnehmen könnte. Meine eigene christliche Identität möchte ich auf keinen Fall in Frage gestellt sehen.

(4) Dann versuche ich mich in die Familien anderer Religionen hineinzuversetzen und empfinde ihre Defizitgefühle mit, wenn deren Feste in der Kita so gut wie gar nicht vorkommen. Ich habe die Aussage einer Mutter im Ohr: »Wenn wir doch wenigstens einmal spüren könnten, dass wir mit Unserem auch vorkommen!«

(5) Dieses Gespräch wird der Schlüssel für unsere weiteren Planungen. Möglichst viele der von den Eltern repräsentierten religiösen Festkreise sollen in exemplarischer Weise vorkommen, sei es zusätzlich zu unserem Festkreis, sei es, indem wir den Nikolaustag, Weihnachten und Erntedank interreligiös zu gestalten versuchen. Um die unterschiedliche Zugehörigkeit der Beteiligten nicht zu verdecken, greifen wir auf die Rollenverteilung von Nähe und Distanz, »Meine Religion und deine Religion«, Gastgeber und Gäste zurück und achten darauf, ihr grundsätzlich bei allen Festen gerecht zu werden. Das bedeutet, dass sorgfältig geklärt wird, wer zum jeweiligen Fest oder Festteil einlädt, wer es für die anderen gestaltet.

(6) Schon bei den gemeinsamen Vorbereitungen nehmen wir wahr, wie die Vertrautheit mit den uns fremden Festgestaltungen wächst, wie Gemeinsamkeiten entdeckt werden, wie in der Sicherheit der gefundenen Rollen die Freude an Vorbereitung, Gestalten und Feiern wächst.

4.3.3.3 Dimension Erzählen: »Bibel – Nein danke«

(1) Erzählprojekte in der Kita stoßen bei den Eltern immer auf großes Interesse. In der Freude an Erzählrunden gibt es keine wahrnehmbaren Unterschiede. Aber wie ist das mit biblischen Geschichten? Da wurden schon öfter Vorbehalte wegen zu starker religiöser Beeinflussung der Kinder geäußert: Kinder sollen sich frei für ihren Glauben entscheiden können.

(2) Gegen diese Einstellung spüre ich in mir deutlichen Widerstand: Diese religionskritische Einstellung übersieht doch, dass eine echte Entscheidung nur aus eigenen Erfahrungen heraus geschehen kann. Die Einrichtung hat keine konfessionelle Bindung, aber im Bildungsplan sind kindgemäße Begegnungen mit der Welt des christlichen Glaubens benannt. Soll ich darauf verzichten? Oder soll ich die Elterneinwände einfach ignorieren? Da steht Klärung mit den Eltern an.

(3) Mir wird bewusst, wie viele Geschichten aus der Bibel mir sehr vertraut sind, wie das meine Freude am Erzählen bestimmt. Oft genug habe ich erlebt, wie dabei der Funke zu den Kindern überspringt. Ich gebe gern Rechenschaft darüber, was mir diese Geschichten bedeuten. Ich entdecke dabei auch, wie ich mich über die so oft geäußerte grundsätzliche Ablehnung biblischer Geschichten ärgere, besonders wenn mir dabei Missionierungsabsichten unterstellt werden. Diese Geschichten enthalten genauso Impulse, mit denen Kinder stark werden können, wie andere gute Geschichten.

(4) Im Bücherschrank der Kita stehen auch Kinderbibeln, die schon ziemlich alt sein müssen. Ich blättere in einer – und kann mit deren Inhalt überhaupt nichts anfangen. So eine verschrobene, weltfremde Sprache jenseits unserer heutigen Wirklichkeit! Und jetzt verstehe ich besser, mit welchen Vorbehalten etliche Eltern dem biblischen Erzählen gegenüberstehen. Wie sie befürchten, dass Kindern etwas zu glauben aufgenötigt wird, das mit unserer Wirklichkeit gar nichts zu tun hat. Daran möchte ich gern etwas ändern und denke an den Ausspruch des bekennenden Atheisten Bert Brecht, als er auf die Frage nach seinem Lieblingsbuch antwortete: »Sie werden lachen, die Bibel!«

(5) Mit Hinweisen auf den Bildungsplan füge ich in Lese- und Erzählprojekte auch biblische Bezüge ein. Bei Elternabenden, die mit einer Gute-Nacht-Geschichte ausklingen, habe ich mich getraut, auch einmal eine biblische Geschichte zu erzählen. Damit waren alle Eltern einverstanden. Sie spüren mein eigenes Engagement, das ich zu erkennen gebe, und auch mein Interesse, den Kindern hilfreiche Geschichten für ihr Aufwachsen zu erzählen. Und sie zeigen mir dafür Respekt und Anerkennung. Ich spüre aber auch, dass Vorbehalte bleiben – auf beiden Seiten. ›Bibel‹ bleibt für viele ein Reizwort, und meine Unsicherheit gegenüber manchen Eltern kann ich nicht abstreifen.

(6) Insgesamt gesehen wächst Vertrauen auch in unser religiöses Erzählen und die Einsicht, dass auch Geschichten der Bibel »gute Geschichten« für die Kinder sein können. Bei unserem Erzählprojekt zum Thema: »Welche Geschichten brauchen Kinder?« beziehen wir auch Biblisches ein. Zu ausgewählten neuen Kinderbüchern treten auch Kinderbibeln, die wir gut geeignet finden. Wir hören immer öfter: »Erzählt sind diese Geschichten der Bibel gar nicht so schlecht. Und beim Zuhören zwingt mich ja niemand, in allem übereinzustimmen.«

Zugänge zu Bibel und Koran
Wie ließe sich dieser Prozess mit Zugängen zur Bibel auch auf Begegnungen mit dem Koran übertragen? Wo spüren Sie Fremdheit im Umgang mit diesem auf den ersten Blick schwer zugänglichen Buch? Wo entdecken Sie Entsprechendes bei anderen Personen im Blick auf die Bibel? Wer könnte authentisch Geschichten mit Bezügen zum Koran vorstellen? Wie lassen sich interreligiöse Erzählrunden gestalten, in denen Geschichten aus Bibel und Koran zur Geltung kommen?

4.3.3.4 Dimension Gespräch: Mit Kindern theologisieren

(1) Dem Religiösen in der Einrichtung Beachtung zu schenken, es nicht in die Sprachlosigkeit abzudrängen – darin sehe ich mich mit all denen, die Religion als wichtig erachten, einig. Aber bei unserem neuen Projekt »Theologisieren mit Kindern« stoße ich gerade bei den überzeugtesten Christen auf Widerstand. Ich kann eine Differenz zwischen Vermittlung und Aneignung beschreiben. Vermittlung heißt, den Glauben weiterzugeben – so wie er richtig ist. Es geht uns aber vielmehr um Aneignung. Beim Theologisieren vermeiden wir bewusst das Bewerten der Kinderantworten mit »richtig und falsch«. Gemeint ist das eigenständige Nachdenken der Kinder über ihren Glauben. Natürlich soll der christliche Glaube erkennbar sein und bleiben – das verbindet uns.
(2) Ich spüre Fremdheit gegenüber einem engen Glaubensverständnis, dem die Suche nach dem eigenen Glauben suspekt ist. Aber genau das ist mir so wichtig. Wie soll ich mich diesen Eltern gegenüber verhalten? Beim Träger nach Rückendeckung suchen? Auf theologische und religionspädagogische Stellungnahmen verweisen?
(3) Mit dem Ziel eigenständiger Aneignung sehe ich mich ja in Übereinstimmung mit Bildungsgrundsätzen und auch mit theologischen Äußerungen, die der Suche nach dem eigenen Glauben großes Gewicht geben. Vom Pochen auf die richtigen Glaubensaussagen habe ich mich selbst mühsam frei gemacht. Diesen Kampf und damit verbundene Missverständnisse möchte ich den Kindern gern ersparen.

(4) Ich versuche die Eltern aber auch zu verstehen. Sie haben Angst, dass sich der Glaube in Beliebigkeit auflöst. Sie fürchten Auseinandersetzungen um den Glauben, die sie ablehnen, weil Glaube doch »höher als alle unsere Vernunft« ist. Wie sollen wir miteinander zurechtkommen?
(5) Das Theologisieren mit den Kindern möchte ich nicht aufgeben. Aber ähnlich wie das Philosophieprojekt könnte es in einer frei gewählten Arbeitsgruppe stattfinden, an dem ein Kind gemäß dem Elternwillen dann teilnehmen darf oder nicht – ohne dass das weiter auffällt. Das empfinde ich aber nur als eine Zwischenlösung. Ich möchte selbst genauer darauf achten, die Stimmen der Überlieferung ausführlich genug ins Gespräch einzubringen; nicht als Ergebnis, sondern als Impulse zum Nach- und Weiterdenken. »Wie denkt ihr über diesen oder jenen Satz? Was könnte in ihm stecken?« Vielleicht lassen sich Einblicke in solches Theologisieren auch den Eltern besser vermitteln.
(6) Übrigens haben mir die betroffenen Eltern erzählt, dass es in ihrem Bibelgesprächskreis ähnlich zugeht, wenn alle sagen, was ein Bibeltext für sie bedeutet. Ob sich da wohl Brücken bauen lassen?

Erzählungen und Bilder zum Islam

Wie könnte dieser Umgang mit dem Theologisieren auch im Blick auf muslimische Eltern hilfreich sein?
- Indem Sie zusagen, im Gespräch an einschlägigen Stellen immer auch deutlich zu benennen, was für Muslime ganz wichtig ist (z. B. Verbot, sich von Gott ein Bild zu machen)?
- Indem Sie damit deutlich machen, dass hinter individuellen Meinungen auch unverrückbare Überzeugungen stehen, die es zu achten gilt?
- Indem Sie dafür werben, dass auch das Nebeneinander verschiedener Meinungen so wichtig ist?

Sie könnten Bilder zu biblischen Geschichten aus islamischer Tradition betrachten und bedenken, was den Malern dieser Bilder besonders wichtig war usw. Erzählungen aus islamischer Tradition haben Monika und Udo Tworuschka gesammelt.[7]

Hamideh Mohagheghi und Dietrich Steinwede formulieren zentrale Texte des Koran für Kinder in einfacher Sprache nach.[8]

---

7 Monika und Udo Tworuschka: Vorlesebuch Fremde Religionen. Judentum und Islam, Lahr 1988.
8 Hamideh Mohagheghi/Dietrich Steinwede: Was der Koran uns sagt. Bayerischer Schulbuchverlag München 2010.

4.3 Gemeinsam mit den Eltern zur interreligiösen Verständigung finden 145

In Kunstbüchern zu biblischen Themen finden sich oft auch Darstellungen aus islamischer Tradition.⁹

Abbildung 7: Islamische Tradition – Erzengel Gabriel verkündet Gottes Wort

4.3.3.5 Dimension Spiel: Muslimische Kinder beim Krippenspiel?

(1) Wie viel Kinder im Spiel verarbeiten, fällt mir immer wieder im Umgang mit biblischen Geschichten auf. Da wiederholen sie mit den Figuren in der gestalteten Mitte die Geschichten für sich selbst, auf ihre Weise, in ihren Variationen. Da gibt es auch mit den nicht christlichen Eltern keine Probleme – sie freuen sich über den Spieleifer der Kinder. Aber da sind dann plötzlich Schranken, die stutzig machen: Wenn wir aus den Spielen der Kinder eine Spielszene für den Familiengottesdienst entwickeln, kommt Ablehnung aus muslimischen Familien: Dann darf das Kind z. B. nicht die Rolle der Maria in der Weihnachtsgeschichte übernehmen, obwohl doch von ihr auch im Koran erzählt wird.
(2) Warum tauchen da auf einmal Probleme auf? Eltern, mit denen ich mich sonst gut verstehe, erscheinen mir auf einmal fremd.

---

9 Z. B. Ida Friederike Görres u. a.: Jesus. Mensch und Geheimnis in Glauben und Kunst. Freiburg 2004.

(3) Ich denke daran, wie das gemeinsam vorbereitete und durchgeführte Krippenspiel in der Weihnachtsfeier ein Höhepunkt im Jahreslauf ist, auf den alle hinfiebern. Und die Rollen werden so verteilt, dass wirklich alle mitmachen können. Die Freude am Gelingen bindet so sehr zusammen.

(4) Was könnte die wenigen muslimischen Eltern wohl am Mitmachen ihrer Kinder stören? Ich versuche mich in ihre Situation hineinzuversetzen. Offensichtlich bekommt das Spielen einer biblischen Rolle ein ganz anderes Gewicht, wenn es in einer christlichen Feier gewissermaßen christlich offiziell wird. Die eigene islamische Identität scheint damit in Gefahr zu geraten. Das beginne ich zu verstehen. Dazu kommt noch die Fremdheit des Kirchenraums – und das eigene Kind ist eingebettet in diese fremde Choreografie.

(5) Mehrere Lösungsversuche bieten sich an: Das Kind bekommt eine andere, »unverfängliche« Rolle; der Gottesdienst wird ganz bewusst interreligiös erweitert – da kann ja die islamische Variante der Geburtsgeschichte Jesu gut zur Sprache kommen; ein offizieller islamischer Vertreter mit Gedanken und Gebet wird beteiligt – wobei transparent werden sollte, wie wir hier in Unterschiedlichkeit zugleich gemeinsam feiern – in den wechselnden Rollen von Zugehörigkeit und Distanz.

(6) Und in solch transparenter Verschiedenheit kann auch das Gemeinsame nun seinen eigenen Stellenwert bekommen, indem christliche und muslimische Kinder gemeinsam zu einer biblischen Geschichte spielen, die offen ist für christliche und islamische Auslegung. Dabei kommt es zu Entdeckungen, wie viele »Schnittmengen« es in Bibel und Koran gibt.

4.3.3.6 Dimension Biografie: Nicht alle dürfen Geburtstag feiern

(1) Es ist uns wichtig, die Entwicklung jedes einzelnen Kindes sorgfältig wahrzunehmen und zu dokumentieren. Wir schaffen Gelegenheiten, bei denen sich Kinder und Eltern über diese Entwicklung freuen können, wir gemeinsam feiern und damit das Selbstbewusstsein der Kinder in Kita und Familie gestärkt wird. Damit sind wohl alle Eltern einverstanden. Ein zentraler Ort für solches Feiern ist der Geburtstag. Aber da zeigen sich auf einmal aus religiösen Gründen Widerstände und Hindernisse. Es sind Kinder, deren Familien den Zeugen Jehovas angehören. Die lehnen aus religiösen Gründen das Feiern von Geburtstagen grundsätzlich ab.

(2) Auf den Geburtstag aus religiösen Gründen verzichten zu müssen, kommt mir sehr fremd und eigenartig vor, sodass ich kein Verständnis dafür aufbringen kann. Wie ist das möglich, dass religiöse Vorschriften so tief in das persönliche Leben eingreifen? Fremd ist mir auch die Rigorosität, mit der die Nichtteilnahme an Geburtstagsfeiern eingefordert wird.

(3) Auf Geburtstagsfeiern wollen und können wir auf keinen Fall verzichten. Wir haben es ausdrücklich in unserer Bildungskonzeption verankert und sorgfältig begründet. Da steckt so viel drin von all dem, was den Kindern in ihrer Entwicklung helfen kann. Da geht es auch um Segen, den wir allen Kindern reichlich wünschen.

(4) Ich versuche mir nun aber auch vorzustellen, wie stark die Gemeinschaftsbindung der Eltern in ihrer Religionsgemeinschaft ist. Wie sehr sind sie wohl den religiös begründeten Regeln verpflichtet, dass sie auf dieses schöne Fest verzichten? Wie sehr fühlen sie sich dabei wohl in ihren eigenen Gruppenbeziehungen getragen, sodass sie den Ausschluss ihres Kindes aus der zentralen Gruppenerfahrung in der Kita in Kauf nehmen? Wie können wir ihnen entgegenkommen?

(5) Das Geburtstagsfeiern gehört zu den Schlüsselerfahrungen im Selbstverständnis der Kita. Daran können und wollen wir keine Abstriche machen. Die betroffenen Kinder werden an ihrem Geburtstag deshalb wohl zu Hause bleiben müssen und dürfen auch keine Geschenke bekommen. Da stehen sich Inklusionsauftrag und Elternrecht spannungsreich gegenüber. Aber ich kann mich gern bereit erklären, den anderen Kindern das Verhalten dieser Eltern, das ihnen sicherlich auch fremd vorkommt, zugänglich zu machen: Es gibt Regeln, denen die Familien verpflichtet sind, vielleicht vergleichbar mit Speiseverboten. Das ändert nichts daran, dass diese Eltern ihre Kinder genauso lieb haben wie die anderen. Auch diese Besonderheit gehört zu unserer Vielfalt dazu, ist ein Stück ihrer Normalität.

(6) Im Elterngespräch zeigt sich, dass das Verbot des Geburtstagsfeierns für ihr Kind wirklich keinen Spielraum eröffnet. Weiter kommen wir in der Unterscheidung von Geburtstagsfest und Zeichen der Wertschätzung für das Kind: Welche Möglichkeiten eröffnen sich, dem Kind zu bestimmten anderen Gelegenheiten zu zeigen: Schön, dass du da bist! Du gehörst zu uns dazu! Wir freuen uns über dich! Wir nehmen wahr, was du schon kannst!

4.3.3.7 Dimension Stille und Gebet: »Bloß nicht beten!«

(1) Auf die Frage: »Was macht das Christliche in Ihrer Einrichtung aus?« wird in Fortbildungen an vorderster Stelle das Beten genannt: vor allem das Tischgebet, auch Gebete im Morgenkreis, bei Andachten und gottesdienstlichen Feiern. Uns ist bewusst, dass Gebete zum »Herzstück« aller Religionen gehören, dass in ihnen das Verbundensein mit dem Göttlichen in besonderer Weise erkennbar und anschaulich wird. Gebetstexte zeigen auch, dass viele von ihnen interreligiöse Weite zeigen, d.h. sich auf den ersten Blick nicht nur einer bestimmten Religion zuordnen lassen. Doch gegen unsere Gebetspraxis in der Kita bringen Eltern immer wieder Bedenken vor: Beten greife so sehr ins Private ein. Ich höre

von Vorurteilen, wonach der christliche Kindergarten geradezu eine »Betstube« sei. Ein Vater meinte bei der Anmeldung: »Sie können gern religiöse Geschichten erzählen, die Kirche anschauen, aber bitte nicht beten«. Doch daran hängt für uns das christliche Profil ganz wesentlich.

(2) Diese Abneigung gegen das Beten kommt mir sehr fremd vor. Wir pflegen doch eine so große Vielfalt, von den Gebeten ohne Worte im Zusammenhang mit Stilleübungen, auch indem Kinder z. B. mit unausgesprochenen Gedanken einen Gegenstand zur Kerze legen, bis hin zu Gebetsliedern; von Reimgebeten bis zu freien Gebeten zum alltäglichen Geschehen, die auch recht locker ausfallen können. Warum also diese so rigoros erscheinende Ablehnung?

(3) Eine religiöse Erziehung ohne Gebete können wir uns nicht vorstellen. Gerade beim Beten zeigt sich für uns am deutlichsten, dass man das Besondere einer Religion nicht zureichend erklären kann, sondern dass es erlebt werden muss, damit man sich selbst ein Urteil bilden kann.

(4) Dennoch spüre ich bei mir und auch manchen Eltern, dass sie gerade beim Gebet auf die Erkennbarkeit ihres Glaubens achten: Wenn wir »Lieber Gott« sagen, kann das dann auch für »Allah« gelten oder wird hier unterschwellig christlich vereinnahmt? Können wir uns alle in einem an Gott gerichteten Gebet wiederfinden, wenn doch die Überlieferungen des Gottesglaubens ganz verschieden sind? Und für diejenigen, die Religiöses überhaupt ablehnen, ist das Gebet ein besonderer Stein des Anstoßes. Am Beten macht sich so viel von der persönlichen religiösen Einstellung fest. Können wir das übergehen, überspielen, ignorieren? Auch die Ängstlichkeit mancher Eltern kann ich verstehen: Vielleicht fürchten sie die Hilflosigkeit, wenn Kinder die Gebetspraxis der Kita mit nach Hause tragen und die Eltern in Verlegenheit bringen.

(5) Als Lösung bietet sich an, unterschiedliche Gebetsgesten zu praktizieren, die der Familienreligiosität der Kinder entsprechen: von den gefalteten Händen zu den über die Schultern erhobenen Handflächen; auch die ruhig auf den Tisch oder die Oberschenkel gelegten Hände als Zeichen von Distanz. Die Kinder mögen einbringen, was zu ihnen passt bzw. auch erproben, was sie als stimmig empfinden. So zeigt sich die Vielfalt im Gemeinsamen. Statt dem vereinnahmenden »Wir beten« wollen wir so formulieren: »Alle sind eingeladen zum Gebet. Jeder macht es mit seinen Händen so, wie es zu ihm passt.«

(6) In Elterngesprächen ist Einigkeit darin, dass Rituale wichtig sind, vor allem auch zu Mahlzeiten. Wir sprechen darüber, was Essen für die Kinder bedeutet, dass auch die Dankbarkeit dazugehört, in der wir es nicht nur als Selbstverständliches hinnehmen, sondern als etwas, das unser Leben wertvoll macht. Eine kleine Auswahl an Tischgebeten verschiedener religiöser Traditionen zusammen mit nicht christlichen Tischsprüchen kann den Eltern helfen, die ihnen

4.3 Gemeinsam mit den Eltern zur interreligiösen Verständigung finden

angemessenen Essensrituale zu gestalten. Dazu gehört auch unsere Bereitschaft, mit den Kindern über das Beten zu sprechen und darüber, dass es Menschen in ganz verschiedener Weise handhaben.

- *Bei welchen dieser Beispiele haben Sie Ähnlichkeiten mit Situationen aus Ihrem Kita-Alltag entdeckt?*
- *Welche von Ihnen gefundenen Lösungen bzw. Entscheidungen könnten mit den gezeigten Schritten transparenter und den Beteiligten deutlicher zugänglich gemacht werden?*
- *Wie könnten mit diesen Schritten alle Beteiligten angemessener in die Entscheidungen einbezogen werden?*
- *Bei welchen dieser Beispiele haben Sie einen anderen Ausgang des Prozesses vor Augen?*
- *Welchen dieser Schritte würden Sie in Ihrer Situation besonderes Gewicht geben?*
- *Wo ergeben sich aus diesen Beispielen Anstöße, Ideen, Hoffnung oder gar Visionen für Ihre interreligiöse Arbeit in der Kita?*
- *Welche anderen Beispiele aus Ihrem Alltag könnten in Ihren Teamgesprächen mit den vorgestellten Schritten ertragreich bearbeitet werden?*

Nachdem bis hierher die an der interreligiösen Erziehung und Bildung beteiligten Personen im Vordergrund standen, bieten die folgenden »Steckbriefe« der Weltreligionen objektiv informierende Hinweise auf der Sachebene.

5 Religionen im Überblick

5.1 Orthodoxes Christentum

Unter den Weltreligionen ist das Christentum mit ca. 2,3 Milliarden Gläubigen vertreten. An Stelle eines kurzen Überblicks über das gesamte Christentum wird eine der christlichen Konfessionen vorgestellt, nämlich das weniger bekannte orthodoxe Christentum. Dass es weltweit über 100 Millionen orthodoxe Christen gibt, vor allem in Süd- und Südosteuropa, rückt für viele erst ins Blickfeld, wenn Eltern z. B. aus Griechenland, aus Serbien oder aus Russland ihre Kinder in der Tageseinrichtung anmelden.

Geschichtliches

Orthodox (griechisch: *orthos* = richtig; *dokeo* = glauben und bekennen) bezeichnet den Glauben, der im rechten Lobpreis Gottes geschieht, so wie er im kirchlichen, vor allem im gottesdienstlichen Leben seinen Ausdruck findet.

Zur Trennung zwischen der römisch-katholischen und den griechisch-orthodoxen Kirchen kam es zu Beginn des zweiten Jahrtausends in der Folge von theologischen Lehrstreitigkeiten und politischen Auseinandersetzungen. Der Gegensatz wuchs mit der zunehmenden Sonderstellung des Bischofs von Rom und dessen Anspruch, Repräsentant der gesamten Christenheit zu sein. Verwüstungen, die das christliche Kreuzfahrerheer beim vierten Kreuzzug unter den orthodoxen Christen anrichtete, besiegelten die Trennung zwischen dem westlichen und dem östlichen Christentum. Seit vielen Jahren gibt es Gespräche zwischen den Konfessionen mit dem Ziel, Trennendes zu überwinden.

Die eine orthodoxe Kirche, deren Einheit der Ökumenische Patriarch von Konstantinopel repräsentiert, erscheint in etlichen selbstständigen Kirchen, die untereinander Glaubens- und Gottesdienstgemeinschaft und auch dasselbe Kirchenrecht pflegen.

Zum Gesamtbild der in der Frühzeit des Christentums entstandenen und eigenständig gebliebenen christlichen Kirchen gehören auch die orientalisch-orthodoxen Kirchen, z. B. die koptischen Christen in Ägypten, die Kirchen Syriens, Äthiopiens und Armeniens.

Glaubenspraxis

Die Überlieferung des Glaubens erfolgt weniger in theologischen Lehren und deren Weiterentwicklung als vielmehr im gottesdienstlichen Leben, auf der Basis des allen christlichen Kirchen im Wesentlichen gemeinsamen Glaubensbekenntnisses. In der Bewahrung der Glaubenspraxis haben die vielen orthodoxen Klöster große Bedeutung. Aus ihnen gehen die Bischöfe hervor. Priester dürfen verheiratet sein, sofern die Eheschließung vor der Priesterweihe erfolgte und sie kein Bischofsamt anstreben.

Im Gottesdienst wird das Geheimnis des Glaubens gefeiert, das menschliche Verstehensmöglichkeiten übersteigt. Das zeigt schon die Gestaltung des Kirchenraums. Er ist in verschiedene Zonen unterteilt (äußerer Vorraum = Exonarthex, innerer Vorraum = Narthex, eigentlicher Kirchenraum, Altarraum), und der Altarraum ist durch eine Wand mit vielen Heiligen-Ikonen (= Ikonostase) vom Raum der Gemeinde getrennt. Auch das verdeutlicht die Intention des Gottesdienstes, Feier des göttlichen Geheimnisses zu sein.

Das Wort Gottes ertönt in einer Fülle von Gesängen und Gebeten. Mit ihnen haben die orthodoxen Kirchen die Gottesdienstordnung der frühen Christenheit lebendig erhalten. Der Gottesdienst ist auch reich an symbolischen Elementen. Beim Betreten der Kirche werden Kerzen entzündet und die Ikonen begrüßt. Kommen und Gehen während des Gottesdienstes wird nicht als störend empfunden. Aber die Hände auf dem Rücken zu halten wird als ein Zeichen grober Geringschätzung gedeutet.

Bei der Eucharistiefeier – orthodoxe Christen gehen in der Regel nur an den hohen Feiertagen zur Kommunion, und es wird vorher geistliche Vorbereitung durch Fasten, Gebet und Beichte erwartet – werden immer Brot *und* Wein ausgeteilt. Das Brot wird in den Kelch mit dem Wein gelegt und dann mit einem kleinen Löffel gereicht. Das gesegnete Brot (Antidoron), das bei der Kommunion übrig bleibt, wird nach dem Gottesdienst an alle verteilt.

Große Bedeutung in der orthodoxen Frömmigkeit haben die Ikonen (*eikon* = Bild). Sie sind in den Kirchen wie auch in den Andachtsecken der Wohnungen aufgestellt. Auf Holztafeln sind Christus, die Gottesmutter und Heilige auf Goldgrund gemalt. Die Herstellung von Ikonen unterliegt genauen Bestimmungen, die sich sowohl auf das Bildprogramm als auch auf die Frömmigkeit der

Maler beziehen. Wenn orthodoxe Christen sich vor Ikonen bekreuzigen und sie küssen, dann hat es den Anschein, als würden die Ikonen selbst verehrt. Aber diese Ehrenbezeigungen gelten nicht dem Bild selbst, sondern den Personen, auf die sie verweisen. Ikonen sind wie Fenster, welche die Sinne und Gedanken zur himmlischen Wirklichkeit hin öffnen und so Menschen mit Christus und den Heiligen verbinden.

Abbildung 8: Ikonostase

Feste

Das gottesdienstliche Leben des Kirchenjahres mit seinen festlichen Höhepunkten prägt auch das Privatleben der Gläubigen. Die Festzeiten, vor allem Ostern, aber auch Weihnachten, das Fest der Apostel Petrus und Paulus (29. Juni) und der Gedenktag des Todes der Gottesmutter (15. August – eine Himmelfahrt Mariens lehren die orthodoxen Kirchen nicht) werden durch Fastenzeiten vorbereitet.

Ostern ist das bedeutendste Fest. Manchmal unterscheidet sich das Datum vom westlichen Ostertermin. Zum österlichen Brauchtum gehören Ostereier (vor allem rote), Osternester und Ostergebäck.

Weihnachten wird wie im Westen am 25. Dezember gefeiert. Wegen unterschiedlicher Kalenderregelungen fällt dieser Tag in manchen orthodoxen Kirchen, z. B. in der russisch-orthodoxen Kirche, auf den 7. Januar.

Das **Fest des hl. Wassilius** ist der 1. Januar. Am Tag vorher ziehen die Kinder singend von Haus zu Haus und werden beschenkt.

Der **Taufe Jesu** wird am 6. Januar gedacht. Das ist einer der höchsten kirchlichen Feiertage. Wohnräume werden an diesem Tag mit heiligem Wasser geweiht.

Glaube im Lebenslauf

Bei der **Taufe** wird der Säugling (Taufen von Erwachsenen sind selten) dreimal ganz untergetaucht – mit unmittelbarem Bezug zur Taufe Jesu im Jordan. Mit der Taufe erfolgt die Salbung und dann oder kurz danach wird auch schon dem Säugling erstmals die Eucharistie gereicht. Auch später bringen Eltern ihre kleinen Kinder zur Kommunion. Die westliche Praxis der Firmung bzw. Konfirmation ist unbekannt.

Die Taufe wird in der Regel als großes Familienfest gefeiert, und das Patenamt wird sehr ernst genommen. Taufpaten können nur orthodoxe Christen sein.

Je nach den örtlichen Traditionen wird entweder der **Geburtstag** oder der orthodoxe **Namenstag** gefeiert.

Die **Ehe** ist ein Sakrament, und eine orthodoxe Trauung kann nur von einem orthodoxen Geistlichen vollzogen werden, wobei aber ein nicht orthodoxer Geistlicher am Schluss des Gottesdienstes ein Gebet, eine Bibellesung oder auch eine Predigt anschließen kann. Trauungen zwischen orthodoxen und nicht orthodoxen Christen sind eigentlich nicht zulässig, aber nach Einzelfallregelung möglich.

Zum Weiterlesen

Martin Tamcke: Das orthodoxe Christentum. 2. Auflage, München 2007

5.2 Judentum

Obwohl jüdische Kinder eher selten in Kindertagesstätten anzutreffen sind, gehört das Judentum aus folgenden Gründen unbedingt zu den für Christen wichtigen Religionen:
- Das Judentum ist die dem Christentum am nächsten stehende Religion. Jüdische Glaubenstraditionen sind der Wurzelgrund des christlichen Glaubens. Jesus und die Apostel waren Juden. Die Hebräische Bibel, das Alte Testament der Christen, begründet auch den christliche Glauben. Christen sollten um diese Zusammenhänge wissen und Juden als nächste Verwandte im Glauben wahrnehmen.

– Das Verhältnis von Christen und Juden ist belastet durch Verfolgung, Vertreibung und Ermordung von Juden in ganz Europa. Zu einer christlich-religiösen Erziehung gehört deshalb auch, besonders sensibel darauf zu achten, in welchem Licht jüdischer Glaube erscheint.

Geschichtliches

Der Name **Judentum** verweist auf den Stamm **Juda**, der gemäß biblischer Überlieferung zu den zwölf Stämmen des Volkes Israel gehört und in der Zeit der späteren Könige als sogenanntes Südreich dem Nordreich Israel (den übrigen Stämmen) gegenüberstand. Über die Zeit des babylonischen Exils hinweg blieb nur in ihm der Glaube Israels lebendig. Schon früh gründeten Juden, die ihre Heimat verließen, in anderen Ländern jüdische Gemeinden – zunächst im Mittelmeerraum, später in ganz Europa und dann vor allem in Nordamerika.

Als sich im Mittelalter jüdisches Leben auf Europa konzentrierte, gab es zwei Strömungen: das **sefardische** Judentum in Spanien und dann im Vorderen Orient einerseits und das **aschkenasische** in Frankreich und Deutschland und weiter im Osten Europas andererseits. Besonderheiten im Gottesdienst und das Jiddisch der aschkenasischen Juden, eine aus dem Mittelhochdeutschen hervorgegangene Sprache, unterscheiden diese Gruppen.

Heutiges Judentum ist aber viel mehr durch die Differenzierung in orthodoxes, konservatives und Reformjudentum gekennzeichnet. Orthodoxe Juden beachten streng die Weisungen der Tora. Seit der Neuzeit, vor allem der Zeit der Aufklärung, gibt es andererseits Bestrebungen, das System der vielen Verhaltensvorschriften zu liberalisieren. Das führte zum Reformjudentum, das heute hauptsächlich in den USA vertreten ist (z. B. Gottesdienst in der Landessprache, Verzicht auf Speisevorschriften). Konservative Juden denken ähnlich liberal wie die Reformjuden, halten aber stärker an dem einigenden Band der hebräischen Sprache und Kultur fest.

Mit der Hebräischen Bibel haben Judentum und Christentum eine breite Basis gemeinsamer Vorstellungen von dem einen Gott, der sich Menschen erwählt und mit ihnen einen Bund geschlossen hat. Die Psalmen sind gemeinsames Gebetbuch der Juden und Christen.

In der jüdischen Theologie wird dem Menschen Jesus, seinem Reden und Wirken weithin großer Respekt entgegengebracht. Was Juden und Christen aber trennt, ist der Glaube an Jesus Christus, den Gott von den Toten auferweckt hat und der als der lebendige Herr seiner Gemeinde mitten in ihr ist. Christen rufen ihn neben Gott, dem Vater, auch im Gebet an. In der christlichen Theologie werden viele Aussagen des Alten Testaments als Hinweise auf Jesu Kommen ausgelegt.

Zu vermeiden ist beim Erzählen von Jesusgeschichten und im Blick auf Jesu Tod, in Schwarz-Weiß-Malerei die Juden als Feinde Jesu darzustellen. Jesu Verhältnis zu den »Pharisäern und Schriftgelehrten« war von vielen gemeinsamen Überzeugungen bestimmt, dabei auch von – nicht ungewöhnlichen – Diskussionen und Lehrstreitigkeiten. Jesu Gleichnisse etwa ähneln sehr der jüdischen Lehrtradition. Da kann von tödlicher Feindschaft keine Rede sein. Anders verhält es sich mit der Priesterschaft des Tempels in Jerusalem, die zusammen mit der römischen Obrigkeit um der politischen Ordnung willen auch die Verurteilung eines religiösen ›Unruhestifters‹ in Kauf nahm. Das Todesurteil gegen Jesus wurde von den Römern gefällt.

Glaubenspraxis

Jüdisches Beten ist traditionell mit mancherlei Riten verbunden. Am wichtigsten sind der Gebetsmantel, die Kopfbedeckung, Gebetskapseln an Armen und Kopf. Kerngebet und zugleich Bekenntnis des Glaubens ist das *Sch'ma Jisrael*: Höre, Israel, der HERR ist unser Gott, der HERR ist einer (5. Mose 6,4). Das gottesdienstliche Hauptgebet (Achtzehn-Bitten-Gebet) weist etliche Bezüge zum Vaterunser auf.

Der Gottesdienstraum, die Synagoge (= Versammlung) ist vom Umgang mit der Bibel bestimmt. An der Stirnwand birgt der reich verzierte Tora-Schrank die kostbaren Schriftrollen, auf denen in sorgfältiger hebräischer Schrift die biblischen Texte aufgezeichnet sind. Im Gottesdienst werden die jeweiligen Torarollen aus dem Schrank gehoben, feierlich zur Estrade gebracht und geöffnet. Um sie beim Lesen nicht zu beschmutzen und aus Ehrfurcht wird der Text nicht mit dem Finger verfolgt, sondern mit einem meist als Hand geformten Zeiger (Jad). Zum Vorlesen aus der Tora kommt die Auslegung der Bibel durch den Rabbiner hinzu.

Die Synagoge ist auch der Ort des Gebets. Vor dem Toraschrank steht das Pult des Vorbeters und Kantors, denn viele Gebete werden im jüdischen Gottesdienst gesungen. Eine Orgel gibt es dort in der Regel aber nicht und auch keinen Altar. Bei schmückenden Abbildungen ist streng darauf geachtet, dass Gott nirgendwo bildlich dargestellt wird.

Prägend für jüdisches Selbstverständnis ist die Orientierung an den Geboten, die Mose nach der Überlieferung direkt von Gott in Empfang genommen hat (2. Mose 20). Aus ihnen wurde in einem lebendigen Auslegungsprozess ein Gefüge verpflichtender Regeln entwickelt, die dem Leben der Menschen und ihrem Zusammenleben mit anderen eine gute Ordnung geben.

Die **Tora** (= Weisung) besteht aus den zehn Geboten und einem Kreis weiterer 603 in der Bibel überlieferter Pflichten. Deren Auslegungen wurden im

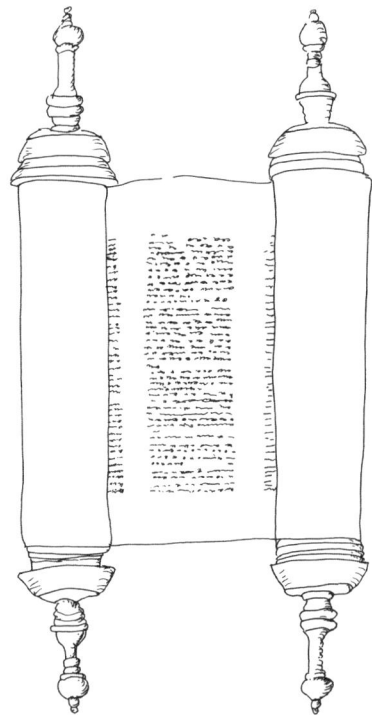

Abbildung 9: Schriftrolle

2. Jh. n. Chr. in der *Mischna* niedergelegt. Sie führten später zur Entstehung der **Gemara**, die zusammen mit der Mischna den **Talmud** (= Lehre) bildet.

Solche überlieferten Ordnungen regeln z. B. das Essen. Für die »koschere« Küche ist der Verzicht auf unreine Tiere (z. B. Schalentiere) und die strikte Trennung von Milch und Fleisch kennzeichnend.

Den Alltag unterbricht der siebte Tag, der Ruhetag **Sabbat** (2. Mose 20,8–11; 5. Mose 5,14). Er dauert vom Sonnenuntergang am Freitag bis zu dem am Samstag. Seit der Zerstörung des Tempels von Jerusalem (70 n. Chr.) hat sich das Bewusstsein, dem Judentum anzugehören, in besonderer Weise an der Feier des Sabbats festgemacht. Das erklärt auch den konsequent beibehaltenen Verzicht auf jegliche Arbeit an diesem Tag. In der häuslichen Sabbatfeier findet jüdische Frömmigkeit ihren besonderen Ausdruck. Kerzen begrüßen und verabschieden den Sabbat, das festliche Sabbatmahl prägt ihn.

Die frühen Christen feierten den Tag nach dem Sabbat, den Auferstehungstag Christi, als wöchentlichen Festtag. Nach alter Kalendertradition ist deshalb der Sonntag der erste Tag der Woche.

Feste

Der jüdische Festkreis ist – wie auch der christliche Osterfestkreis – am Mondzyklus orientiert. Da das Mondjahr um elf Tage kürzer ist als das Sonnenjahr, wird etwa alle drei Jahre ein Ausgleichsmonat (Adar II) eingeschoben. Das macht die Bestimmung der jüdischen Festtage etwas schwierig. Die jüdische Zeitrechnung setzt bei der Erschaffung der Welt an, die auf das Jahr 3760 v. Chr. datiert ist.

Passa (Pessach) erinnert an den Auszug aus Ägypten und ist das Hauptfest der jüdischen Familie. Feierlich begeht sie das Passamahl, bei dem die Speisen an diesen Auszug erinnern (ungesäuertes Brot; Bitterkräuter etc.). Das Abendmahl der Christen hat seinen Ursprung in dem Passamahl, das Jesus mit seinen Jüngern vor seinem Tod feierte.

Sieben Wochen später – und damit auch in Nähe zum christlichen Pfingstfest – wird das **Wochenfest (Schawuot)** zur Erinnerung an die Offenbarung Gottes am Sinai (2. Mose 19–20) gefeiert.

Das **Laubhüttenfest (Sukkot)** liegt als Erntefest im Herbst und hält die Erinnerung an die Wüstenwanderung wach. Darum halten sich fromme Familien mehrere Tage in selbst errichteten Hütten auf.

Im Herbst beginnt auch das neue Jahr. Die Töne des Widderhorns, die an **Neujahr (Rosch ha-Schana)** erklingen, erinnern an den Widder, den Abraham an Stelle seines Sohnes Isaak geopfert hat (1. Mose 22).

Der **Versöhnungstag (Jom Kippur)** wird mit großem Ernst als Fasttag begangen. In biblischer Zeit war dies der einzige Tag im Jahr, an dem der Hohepriester das Allerheiligste im Tempel betrat. Die Sünden des Volkes wurden symbolisch einem Bock aufgeladen, den man dann als »Sündenbock« in die Wüste schickte (3. Mose 16,21–22).

Chanukka (Tempelweihe, Lichterfest) im November/Dezember erinnert an die Weihe des neu errichteten Tempels in Jerusalem 164 v. Chr. Dabei wird der achtarmige Chanukkaleuchter entzündet. Im christlichen Umfeld hat es manche Züge des Weihnachtsfestes – mit Grüßen und Geschenken – angenommen.

Das fröhliche **Purim**-Fest im Februar/März erinnert an die Rettung vor einer Judenverfolgung durch die Königin Esther. Genaueres ist in der Bibel im Buch Esther nachzulesen. Als Fest der Kinder trägt es karnevalistische Züge.

Glaube im Lebenslauf

In der Regel am 8. Tag nach der Geburt erfolgt die **Beschneidung**: Männlichen Säuglingen wird die Vorhaut beschnitten, als Zeichen der Zugehörigkeit zum Bund Gottes mit seinem Volk. Das geschieht im Rahmen eines Familienfests mit Geschenken. Für Jungen und Mädchen findet die **Namengebung** meist am ersten Sabbat nach der Geburt in der Synagoge statt.

Hat ein jüdischer Junge mit 13 Jahren die Religionsmündigkeit erreicht, dann feiert er **Bar-Mizwa**. Von da an ist er zur Einhaltung aller Gebote der Tora verpflichtet und darf erstmals im Synagogengottesdienst die Toralesung vollziehen (*Bar Mizwa* = Sohn der Pflicht). Analog feiern Mädchen die **Bat-Mizwa**.

Der Ehe kommt im Judentum besondere Bedeutung zu. Unter einem Trauhimmel, einem mit vier Stangen getragenen Baldachin, findet im Beisein von zwei männlichen Zeugen die von einem Rabbiner geleitete **Trauung** statt. Nach dem Segensspruch wird der Ehevertrag verlesen. Das Zerbrechen eines Glases erinnert an die Zerstörung des Tempels in Jerusalem.

Die letzten Worte eines Menschen vor seinem **Tod** sollen ein Bekenntnis zu dem einen Gott sein. Bei der **Beerdigung** und beim Grab wird auf Schmuck verzichtet, zum Zeichen dafür, dass im Tod alle Menschen gleich sind. Beim Besuch des Grabes werden auf Grabstein oder -platte Steine gelegt.

Zum Weiterlesen

Christina Kayales/Astrid Fehland van der Vegt, Lutherisches Kirchenamt der VELKD (Hg.): Was jeder vom Judentum wissen muss. 10. Auflage, Gütersloh 2005.

5.3 Islam

Bei etwa 4 Millionen Muslimen in Deutschland wird hier in erster Linie der Islam als außerchristliche Weltreligion wahrgenommen. Aus diesem Grund beziehen sich auch die Beispiele zur interreligiösen Erziehung und Bildung in diesem Buch meist auf das christlich-islamische Miteinander.

Geschichtliches

Islam heißt Hingabe, Hingabe an den einen und einzigen Gott. Damit ist das Zentrum islamischer Frömmigkeit bezeichnet. Urkunde des Islam ist der **Koran** (= Lesung, Rezitation). Er enthält Glaubensüberzeugungen, gottesdienstliche Ordnungen, sozial-gesellschaftliche Weisungen und sittlich-ethische Maßstäbe.

Gott (= **Allah**) ist im Islam streng allen menschlichen Vorstellungen entzogen. Deshalb sind jegliche Bilder von ihm verboten. In Moscheen finden sich keine bildlichen Darstellungen. Gott ist allmächtig und zugleich barmherzig, insofern er den Menschen nicht mehr Gebote und Pflichten auferlegt, als sie auch erfüllen können. **Mohammed** genießt hohe Verehrung. Muslime verbinden diesen Namen oft mit dem Satz: Gottes Segen und Friede möge mit ihm sein.

Die meisten Muslime gehören der **sunnitischen** Richtung an, die traditionsgebunden auf Einhaltung der rechtlichen Vorschriften und auf deren öffentliche Geltung ausgerichtet ist.

Die **schiitische** Richtung hat ihren Ursprung in den Nachfolgestreitigkeiten nach Mohammeds Tod. Ihre Anhänger sehen Ali, den Vetter und Schwiegersohn Mohammeds als den von Gott bestimmten Nachfolger (Kalifen). Sie wurden von der islamischen Mehrheit an die Ränder der islamischen Territorien gedrängt (Libanon, Irak, Iran). Bei ihnen genießt der Imam (Vorbeter) und besonders dessen Auslegung des Koran hohe Autorität. Das ermöglicht den Schiiten einen flexiblen Umgang mit den im Koran fixierten Gesetzen.

Unter den Schiiten ist die **alevitische** Richtung von einer besonderen Verehrung Alis bestimmt. Er gilt als Offenbarung des vollkommenen Menschen, an dem sich die Gläubigen in ihrem Leben und Glauben auszurichten haben. Etwa 15 % der Muslime türkischer Herkunft sind Aleviten.

Glaubenspraxis

Fünf Pflichten, die sog. »Fünf Säulen« bestimmen das Leben der gläubigen Muslime:
- das **Bekenntnis** zu dem einen Gott: »Ich bezeuge, dass es keine Gottheit gibt außer Gott. Ich bezeuge, dass Mohammed der Gesandte Gottes ist«.
- das rituelle **Gebet**, das fünfmal am Tag zu verrichten ist, nämlich vor dem Sonnenaufgang, zur Mittagszeit, am Nachmittag, nach Sonnenuntergang und vor dem Schlafen. Neben dem rituellen gibt es auch das freie Beten mit frei formulierten Bitten, Kernsätzen des Islam, Rezitation der »99 schönsten Namen Allahs«. Dabei lassen viele Beter die Perlenschnur durch die Hände gleiten.
- das **Fasten** im Ramadan als wichtigstes Kennzeichen religiöser Treue.
- die Verpflichtung, **Almosen** zu geben. Sie gründet in der Gemeindeordnung, die Mohammed für Medina schuf. Wer Besitz hat, ist zur Sozialsteuer für Bedürftige verpflichtet. Auch heutzutage schicken z. B. türkische Muslime zum Ende des Ramadan hohe Spenden in ihre Heimat.
- die **Wallfahrt nach Mekka (Hadsch)**, die den Wallfahrern das Paradies verheißt. Mekka gilt den Muslimen als die »Mutter aller Städte«.

Geistliches und **Weltliches** sind eng miteinander verbunden. Insofern ist der Glaube für Muslime keine Privatsache, sondern eine öffentliche Angelegenheit.

Recht und Gesetz gelten als Zeichen der Barmherzigkeit Gottes, weil er mit ihnen das Zusammenleben der Menschen möglich macht. Sie sind am Koran orientiert sowie an der **Sunna**, in der die Lebenspraxis Mohammeds überliefert ist. Am bekanntesten sind das Verbot von Schweinefleisch (= unreine Tiere) und Alkohol.

In islamischen Ländern mit patriarchalischer Ordnung sind **Mann** und **Frau** im Familienverband feste Rollen zugewiesen. Aber während ursprüngliche Lebensregeln für Jungen weithin vergessen wurden, blieben die Vorschriften für Frauen und Mädchen lebendig. Sie fordern etwa strikte Trennung der Geschlechter – deshalb lehnen viele Muslime gemeinsames Schwimmen ihrer Töchter mit Jungen oder einen gemeinsamen Schullandheimaufenthalt von Mädchen und Jungen ab. Es gibt kaum private Kontakte zwischen Frauen und Männern, die nicht zur selben Familie gehören.

Seltener als bei den Christen spielt für viele Muslime die überlieferte Religionspraxis nur mehr eine geringe Rolle.

Feste

Das islamische Jahr ist – wie das jüdische – ein reines Mondjahr. Weil es um 11 Tage kürzer ist als das Sonnenjahr, verschiebt sich der muslimische Kalender jedes Jahr um 11 Tage rückwärts zum üblichen Kalender.

Das **Opferfest** (türkisch: *kurban bayram*) ist das höchste Fest des Islam. Im Mittelpunkt steht die Geschichte, in der sich Abraham anschickt, seinen Sohn Ismael (in der Bibel: Isaak) Gott zu opfern. (2014: 4.–7.10.; 2015: 24.–27.9.). Opfertiere werden rituell geschlachtet. Das Fleisch wird in festlicher Gemeinschaft gegessen und mit Nachbarn und Armen geteilt.

Im Fastenmonat **Ramadan** wurden der Überlieferung nach Mohammed die ersten Offenbarungen zuteil. Von der Morgendämmerung bis zum Sonnenuntergang verzichten gläubige Muslime auf Essen, Trinken, Rauchen, Geschlechtsverkehr. Nach Sonnenuntergang treffen sich Familien und Nachbarn, um miteinander zu essen. Kinder sind noch nicht zum Fasten verpflichtet. Oft sind sie stolz darauf, es den Großen schon gleichzutun.

In der 27. Nacht des Fastenmonats, der **Nacht der Bestimmung** wird der ersten Offenbarung Mohammeds gedacht.

Das Ende des Fastens, das **Fastenbrechen** (türkisch: *seker bayram*) wird in einem fröhlichen dreitägigen Fest gefeiert. Wegen der Süßigkeiten und Geschenke, die verteilt werden, heißt es auch **Zuckerfest**. Es hat in diesem Sinne gewisse Ähnlichkeiten mit dem christlichen Weihnachtsfest (2014: 28.–30.7.; 2015: 17.–19.7.).

Das islamische **Neujahrsfest** feiert das Gedenken an die Auswanderung Mohammeds von Mekka nach Medina im Jahr 622. (2014: 25.10.; 2015: 14.10.).

Aschura feiert am 10. Tag des Jahres das Ende der Sintflut. Der Überlieferung nach hat Noah an diesem Tag die Arche verlassen. Schiitische Muslime gedenken an diesem Tag besonders des Todes von Mohammeds Enkel Husain (2014: 3.11.; 2015: 23.10.).

Mevlid Kandili ist der Geburtstag des Propheten (2014: 12./13.1.: 2015: 2./3.1. und 22./23.12.) An ihm werden Koranverse und Gedichte über das Leben Mohammeds rezitiert.

Glaube im Lebenslauf

Die ersten Worte, die das neugeborene Kind hören soll, sind der Ruf zum Gebet und das Glaubenszeugnis. Sie werden ihm kurz nach der **Geburt** ins rechte und ins linke Ohr geflüstert. Nach 40 Tagen, in denen Mutter und Kind zu Hause bleiben sollen, singt der Imam ein Gedicht über die Geburt Mohammeds. Die **Namensgebung** erfolgt am 7. oder am 40. Tag nach der Geburt durch den Vater oder einen der Ältesten der Gemeinde. Wer den ersten Zahn des Babys entdeckt, muss ihm etwas schenken.

Zwischen dem 7. und 14. Lebensjahr wird bei Jungen die **Beschneidung** der Vorhaut vorgenommen. Damit werden sie in die Gemeinschaft der Männer aufgenommen. Es ist ein großes Familienfest, bei dem die Hauptperson von den Verwandten reich beschenkt wird.

Bei einer islamischen **Hochzeit** sind Religion, Recht und Sitte eng miteinander verbunden. Ein Ehekontrakt wird vor dem Notar im Haus der Braut unterzeichnet, und dem Zug ins Haus des Bräutigams folgt ein großes Bankett.

Das Leben ist Gottes Geschenk, und nach dem **Tod** kehren die Glaubenden zu Gott zurück. Im Gericht wird über die Menschen geurteilt, sie erhalten Belohnung bzw. Bestrafung für ihre Taten. Belohnung erwartet sie im Paradies, das sehr anschaulich in leuchtenden Farben geschildert wird.

Dem Sterbenden wird noch einmal das Bekenntnis ins Ohr geflüstert. Der Tote wird in ein weißes Tuch gehüllt und so ins Grab gelegt, dass er auf der rechten Seite liegt und mit dem Gesicht nach Mekka schaut. Das Grab soll einfach und schmucklos sein. In jüngster Zeit werden bei der Aktualisierung deutscher Friedhofsordnungen zunehmend auch diese religiösen Vorschriften berücksichtigt.

Zum Weiterlesen

Lamy Kaddor/Rabeya Müller: Der Islam für Kinder und Erwachsene, München 2012

5.4 Hinduismus

Im Hinduismus, der nach Christentum und Islam drittgrößten Weltreligion mit ca. 950 Millionen Gläubigen, tauchen wir in eine völlig andersartige religiöse Welt ein, als wir es von den bisher vorgestellten Religionen der monotheistischen Religionsfamilie gewohnt sind. Der Hinduismus kennt keinen Religionsstifter, keine religiösen Institutionen, keine regelmäßigen Gottesdienste, keine einheitliche Glaubenslehre. Stattdessen begegnet uns eine Fülle an heiligen Schriften, eine vielfältige Götterwelt, die von Naturheiligtümern bis zu abstrakten Vorstellungen von einem göttlichen Urprinzip reicht. In kaum vorstellbarer Weite stehen die unterschiedlichen religiösen Vorstellungen nebeneinander, ohne einander verdrängen zu wollen. Das alltägliche Leben ist von der Sphäre des Göttlichen durchpulst. In den täglichen Verrichtungen begegnet das Heilige und fordert die ihm angemessenen Handlungsweisen.

Geschichtliches

Das Wort **Hindu** stammt vom Fluss »Sindhu« bzw. Indus und kennzeichnet ursprünglich das östlich von ihm liegende Land, später den ganzen Subkontinent Indien. Als auch Christentum und Islam ins Land kamen, wurde mit dem Namen Hinduismus die indische Religionswelt davon unterschieden. Auch heute noch sind über 80 % der Inder Hindus. Im Zuge der Globalisierung begegnen auch außerhalb Indiens vermehrt hinduistische Familien und entsprechend in den Kitas.

Göttliches und Menschliches sind im Hinduismus nicht scharf voneinander getrennt. Bedeutende Menschen wie hoch angesehene Brahmanen mit ihren priesterlichen Funktionen können Verehrung als Götter genießen, umgekehrt sind auch die Götter dem Kreislauf der Wiedergeburten unterworfen. In Flüssen und Bäumen, in Bildern und Gegenständen können Götter präsent sein. In den überlieferten Mythen wird ganz menschlich von Göttergestalten erzählt. Sie erscheinen in Götterfamilien geordnet, aber auch als vielfache Wiederverkörperungen bestimmter Gottheiten. Die Zahl der Götter ist unendlich, manche sprechen von 330 Millionen. Aus dieser Vielzahl hat sich eine Dreiergruppe der Hochgötter herausgebildet: **Brahma** als der Schöpfer des Lebens, **Vishnu** als dessen Erhalter und **Shiva** als der Zerstörer. Brahma hat heute nur noch wenige Anhänger. Vishnu hat gewissermaßen aus kleinsten Anfängen im Laufe der Zeit die Spitzenstellung in der Götterwelt gewonnen. Als Gott der Güte ist er in vielerlei Gestalt, sogar in Tiergestalt, auf der Erde erschienen. Shiva ist von Extremen gekennzeichnet, als Verbreiter von Katastrophen und Schrecken – sein Äußeres ist oft schauerlich dargestellt – und auch als Helfer auf dem Erlösungsweg. Seine Anhänger bilden die zweitgrößte Gruppe im Hinduismus.

Abbildung 10: Tanzender Shiva

In **Krishna** verehren dessen Anhänger den persönlichen Gott, der all die anderen göttlichen Erscheinungsweisen in sich aufgenommen hat. Den weiblichen Aspekt verkörpern die den Göttern zugeordneten Göttinnen.

Darüber hinaus ist die ganze Natur heilig. Was der Mensch von ihr bekommt, sind Geschenke der Götter – die Verehrung der Kuh als heiliges Wesen ist in diesem Zusammenhang zu sehen.

Ältester Bestand der heiligen Schriften sind die (kaum noch bekannten) **Veden**, alte Mythen mit Anweisungen für Priesterämter und Opferkult, aus der Zeit um 1500 v. Chr. Jüngere Texte sind die **Upanishaden** mit mystischen Weisheiten über die Geheimnisse der Welt. Viel volkstümlicher sind ihnen gegenüber die Epen *Ramayana* und *Mahabharata* mit mythischen Erzählungen aus der Welt der Götter. Früher wurden sie in den Dörfern von Berufserzählern vorgelesen und heute werden sie in groß angelegten Projekten verfilmt. Zum Umgang mit den heiligen Schriften gehört auch, einzelne Silben, Worte, Sätze (**Mantras**) immer wieder laut zu rezitieren, auch wenn ihr Sinn nicht verständlich ist.

Einige aus dem Hinduismus hervorgegangene Gruppierungen sind auch im Westen bekannt geworden: die Transzendentale Meditation, die Hare-Krishna-Mönche, die Bhagwan-Bewegung, dessen Lehre die Sannyasins vertreten und die Elemente aus vielen Religionen und Philosophien zu vereinigen sucht.

5.4 Hinduismus

Glaubenspraxis

Die Menschen sind Gastgeber ihrer Götter, begrüßen sie täglich liebevoll, bringen ihnen Speisen und Blumen, baden sie und reiben sie mit duftenden Ölen ein. Jede Mahlzeit wird zuerst vor das Götterbild getragen – all das in der Erwartung, dass sich die Götter dafür auch erkenntlich zeigen werden. Die Götterbilder werden auch in den Tempeln auf ganz individuelle Weise verehrt, meditierend oder laut singend und tanzend. Nur an den großen Festtagen finden Gottesdienste und dabei auch große Prozessionen statt.

Noch heute gilt den meisten Hindus das Hineingeboren-Werden in die jeweilige Kaste und die mit ihr vorgegebene Lebensordnung als göttlicher Wille. Hindu ist man durch solche Zugehörigkeit, mit der man von anderen Kasten streng geschieden ist. Wer den Hinduismus verlässt, verliert auch seine Zugehörigkeit zur Kaste und damit seine gesellschaftliche Einbindung. Die vier Kasten der Priester, der Krieger und Adligen, der Bauern, Handwerker und Handelsleute, der Diener und Sklaven haben sich in über 3000 Unterkasten differenziert. Außerdem gibt es noch die Unberührbaren, die *out-casts*, die außerhalb der Gesellschaft leben. Obwohl in Indien inzwischen eine demokratische Verfassung dem Kastenwesen abgeschworen hat und auch schon ein Unberührbarer Staatspräsident war, ist die Kastenordnung immer noch tief im Bewusstsein der Hindus verankert. Gemäß diesen Überlieferungen wurde und wird die Frau als ein Wesen zweiter Klasse behandelt, das in der Familie den untersten Rang einnimmt, oft noch den eigenen Söhnen untergeordnet ist.

Aufgabe des Menschen ist es, in Übereinstimmung mit der gegebenen Ordnung der Welt zu leben. In allen seinen Entscheidungen und Taten ist er von früheren Entscheidungen beeinflusst und seine Taten werden auch auf sein späteres Leben einwirken. Er führt gleichsam ein Konto, auf das er durch gute Entscheidungen einzahlt und von dem er durch schlechte Entscheidungen abhebt. Dieses **Karma** begleitet ihn nicht nur in seinem jetzigen Leben, sondern durch immer neue Wiedergeburten hindurch. Die hinduistische Lebensordnung ist wesentlich geprägt vom Glauben an ein Wiedererscheinen in anderen Lebewesen nach dem Tod. Damit ist der Mensch durch das »Karma« in einen ewigen Kreislauf eingespannt. Der Brahmane als Mitglied der hoch angesehenen Kaste der Priester kann auf ein gutes Karma zurückblicken, der Unberührbare hat eine schlechte Bilanz seiner Vergangenheit. Mitleid mit anderen Menschen, denen Schlimmes widerfährt, ist nicht angebracht, denn das ist nichts anderes als die Folge früherer Taten. Jeder hat das eigene Handeln darauf auszurichten, sein Karma zu verbessern.

Als höchster Lohn winkt das Ende der Wiedergeburten. Das ist die wahre Erlösung des Menschen – das Auslöschen und Vergehen im Nichts, im **Nir-**

wana. Es gibt verschiedene Möglichkeiten diesem Ziel näher zu kommen, z. B. Erkenntnis durch geistige Konzentration und Meditation, gute Werke verrichten, den Göttern Verehrung zukommen lassen.

Manche hinduistischen Vorstellungen und Praktiken haben auch bei uns Liebhaber gefunden – vom Glauben an die Wiedergeburt über das Entzünden von Räucherstäbchen bis zum Yoga. Begegnung mit dem Hinduismus heißt aber darüber hinaus auch, sich mit dem Gesamtzusammenhang der Karma-Ordnung auseinanderzusetzen, in dem die einzelnen Tätigkeiten stehen, und das eigene Verhältnis dazu zu bestimmen.

Feste

Nach der Regenzeit im Herbst werden Häuser und Wohnungen wieder herausgeputzt, neue Kleider angezogen und auf allen möglichen Simsen und Fensterbrettern einfache Öllämpchen aufgestellt – die Göttin des Glücks und des Reichtums wird an **Diwali** in die Häuser eingeladen. Lichterketten in Großstädten erinnern an westliche Weihnachtsdekoration, und auch das Verschicken von Grußkarten scheint Brauch zu werden. Dazu kommen auch Knallkörper und Feuerwerk. Man besucht einander und isst von den angebotenen Süßigkeiten.

Das Frühlingsfest **Holi** am Anfang der heißen Jahreszeit (Februar – März) erinnert an Karneval. Man beschmiert einander mit Farbe, Ballons mit gefärbtem Wasser werden durch Auto- und Busfenster geworfen. Anlass zu Freude und Ausgelassenheit ist das Einbringen der Winterernte und mythologischer Hintergrund ist der Sieg der guten über die bösen Götter. Krishnas Tanz und Spiel mit Hirtenmädchen gibt dem Fest auch einen erotischen Beiklang.

Pongal ist das einzige Fest, das durch den Lauf der Sonne und nicht durch das Mondjahr bestimmt ist. Als Fest der Wintersonnenwende wird es am 14. Januar gefeiert. Markantester Brauch ist ein Kampfspiel mit kleinen Papierdrachen. Man isst und verteilt Milchreis, den man bewusst überkochen ließ – Zeichen von Überfluss und Fruchtbarkeit.

Glaube im Lebenslauf

Schon vor der **Geburt** wird das Baby durch allerlei Bräuche vor bösen Einflüssen geschützt. Am 6. Tag nach der Geburt malt eine Frau, die so etwas wie eine »Patenschaft« übernimmt, Mutter und Kind einen gelben Ingwerfleck auf die Stirn und verpflichtet sich zur Fürsorge für das Kind. Zum ersten Haarschnitt wird ein Priester eingeladen. Jungen der oberen Kasten bekommen mit elf Jahren die heilige Schnur umgelegt und werden von da an in die religiösen Texte eingewiesen.

Zu **Hochzeiten** gehört die Anwesenheit des Brahmanen, der Mantras murmelt. Die Ehefrau verlässt ihre Familie, einziger Bezug zu ihr bleibt der Bruder, der ihr einen roten Faden um das rechte Handgelenk bindet. Die Frau kann auch einen anderen Mann zum »Bruder« wählen, der damit die Aufgabe übernimmt, sie zu beschützen.

Am heiligen Fluss Ganges den **Tod** zu finden, ist der Wunsch jedes frommen Hindu. Tote werden nicht bestattet, sondern verbrannt. Da Tote als unrein gelten, geschieht das ohne Anwesenheit von Angehörigen.

Zum Weiterlesen

Werner Trutwin: Die Weltreligionen – Hinduismus, München 2011

5.5 Buddhismus

In Indien selbst, wo der Religionsstifter Siddharta Gautama wirkte, hat der Buddhismus kaum Anhänger gewonnen, um so mehr aber in anderen östlichen Ländern. Als Lebensphilosophie, die ohne Beziehung zu Gott als einer Person und einem Gegenüber auskommt, übt diese Religion auch auf Menschen unseres Kulturkreises nach wie vor große Anziehungskraft aus. Am Buddhismus lässt sich gut beobachten, wie sich dessen philosophische Lehre mit Elementen volkstümlicher asiatischer Religiosität verband. Etwa 450 Millionen Menschen rechnen sich dem Buddhismus zu.

Geschichtliches

Der Name bezieht sich auf Buddha, d. h. »der Erwachte«. So nannte sich **Siddharta Gautama** nach dem Erlebnis seiner Erleuchtung, das ihn auf den Weg zu einer neuen Religion führte. Im Unterschied zum Hinduismus, in dessen religiöser Vorstellungswelt auch der Buddhismus viele Wurzeln hat, begegnet uns hier ein Religionsstifter.

In die überlieferten Ordnungen des Hinduismus greift Buddha kaum ein, Kastenordnung und Götterverehrung werden nicht abgelehnt. Aber die Lehre von den Wiedergeburten wird in neuer Weise ausgelegt: Im Zentrum steht die Erkenntnis, dass alles Leben Leiden ist. Dessen Ursachen sind Durst nach Leben, Begierden, Werden und Aufhören des Werdens. Wie kann dieser Durst überwunden werden?

Die Antwort des Buddhismus ist in den **Vier edlen Wahrheiten** und der Lehre vom **Edlen achtfachen Pfad** gebündelt. Hinter diesen Anweisungen steht eine Sichtweise des Menschen, die ein Ichbewusstsein, d. h. die Vorstellungen von einer eigenen Persönlichkeit, ablehnt.

Nach Buddhas Tod wurden seine Lehren gesammelt und es entstanden unterschiedliche Lehrrichtungen:
- Eine konservative Richtung, der »Weg der Alten« oder »das kleine Fahrzeug« (**Theravada**) genannt, hält streng an den überlieferten Ordensregeln fest.
- Mit mancherlei Veränderungen und Erweiterungen des »großen Fahrzeugs« (**Mahayana**) wurde die neue Religion für weite Schichten der Bevölkerung, damit auch für nicht philosophisch Geschulte und nicht zu solch tiefer Meditation Fähige zugänglich.
- Die Person des Buddha wurde vergöttlicht. Damit war auch der Weg zur religiösen Verehrung des Buddha frei. Buddha-Statuen wurden errichtet und in Tempeln verehrt, Fußspuren des Buddha wurden zu heiligen Orten, irdische Überreste des Buddha als Reliquien gehütet.

Abbildung 11:
Buddha

- Auch Vorstellungen von einem Paradies entstanden. Es liegt zwischen der Sphäre des kosmischen Buddha und der Menschenwelt. Gläubige können dort hinein wiedergeboren werden, gewissermaßen als Zwischenstation auf dem Weg zum Verlöschen im Nirwana.

In Indien selbst konnte der Buddhismus kaum Fuß fassen. Aber er breitete sich in den umliegenden Ländern (Sri Lanka, Burma, Thailand, Laos, Kambodscha, Tibet, China, Korea, Japan) rasch aus. In Tibet verbanden sich Mandala-Meditationspraktiken mit geheimnisvollen Riten. Bisherige Vorstellungen von Göttern und Geistern wurden in den Buddhismus integriert und die Lehre von der Wiederverkörperung des Buddha fand eine eigenständige Entfaltung: Nach dem Tode des Dalai Lama wird dessen Wiederverkörperung mit Hilfe von Träumen, Visionen und Orakeln in einem Kind gesucht.

Glaubenspraxis

Es entstanden früh Gemeinschaften von Bettelmönchen, deren Ordensvorschriften eigenes Arbeiten und Verdienen verboten, um körperliche Empfindungen besser unterdrücken und sinnliches Wahrnehmen gering schätzen zu können. Frauengemeinschaften kamen erst später dazu. Daneben waren auch Laien bedeutsam, die mit dieser Lehre sympathisierten, ohne ihre weltlichen Berufe aufzugeben. Sie trugen zum Lebensunterhalt der Mönche bei und gewannen dadurch positives Karma.

Im alltäglichen Leben werden Buddha-Statuen auf Hausaltären verehrt, mit Früchten, Reis und mit Räucherstäbchen bedacht. Bei Besuchen in den Tempeln übergibt man den Priestern Opfergaben wie Blumen, Nahrungsmittel, Kerzen bzw. Geld. Mit Verneigen oder Knien vor dem Bild wird Verehrung ausgedrückt. **Uposatha** ist der Tag der inneren Einkehr, der einmal pro Woche wiederkehrt.

Wallfahrten führen vor allem zu vier Stätten in Indien, die mit dem Leben Buddhas in Verbindung stehen: seinem Geburtsort **Lumbini**, dem Ort seiner ersten Predigt (**Samath**), dem Ort seiner Einäscherung bzw. seines Verlöschens (**Kushinagar**). An erster Stelle der Wallfahrtsorte aber steht der Ort seiner Erleuchtung: **Bodh Gaya**.

Feste

Die Feste des Buddhismus finden immer an Vollmondtagen statt. Am wichtigsten sind die Feste, die den Höhepunkten im Leben Buddhas geweiht sind, im Mai seiner Geburt (**Vesakh**), im Dezember seiner Erleuchtung (**Bodhi-Tag**) und im Februar seinem Verlöschen (**Parinirvana**). Sie sind von Erinnerungen an Buddhas Leben und an seine Lehre bestimmt. Dazu kommen noch fröhliche Neujahrsfeiern, Feste, die das Gedenken herausragender Persönlichkeiten zum Inhalt haben und mancherlei regionale Feste.

Zum Ende der Regenzeit wird die **Kathina**-Zeremonie begangen, bei der die Mönche eine neue Robe erhalten.

Glaube im Lebenslauf

Eine **Taufe** kennt der Buddhismus ebenso wenig wie andere verbindliche Zeremonien. Häufig gehört es zum Leben eines männlichen buddhistischen Jugendlichen, einige Monate in einem **Kloster** zu verbringen. Um vier Uhr beginnt im Kloster der Tag mit der Andacht vor einem Buddha-Altar. Kerzen und Räucherstäbchen werden entzündet, es wird aus den heiligen Schriften vorgelesen und meditiert. Vormittags geschieht der Bettelgang, der mit dem Mittagessen endet. Textstudien und Unterweisungen füllen den Nachmittag, der dann wiederum mit der Andacht vor dem Altar in der Zelle endet.

Auch für die **Eheschließung** gibt es kein verbindliches Ritual. Ein Mönch führt die Zeremonie durch. Dann erfolgt die sogenannte Wassersegnung, bei der jeder Gast dem Paar gesegnetes Wasser über die Hände gießt. Dies verbindet eine rituelle Reinigung mit den Glückwünschen zur Hochzeit.

Bei der Feuerbestattung nach dem **Tod** werden Auszüge aus den Sutren, den Reden des Buddhas, gelesen, Mantren gesprochen und rituelle Lieder gesungen. Zum Abschluss der Zeremonie übergeben die Angehörigen den Mönchen rituelle Almosen, die positive Auswirkungen auf eine möglichst gute Wiedergeburt haben sollen.

Zum Weiterlesen

Schweer, Thomas: Basiswissen Buddhismus, Gütersloher Verlagshaus, Gütersloh 2000.

Literatur

Bingel, Bela/Both, Daniela: Was glaubst du denn? Ökotopia-Verlag, Münster, 4. Aufl. 2001
Bundesvereinigung Evangelischer Tageseinrichtungen für Kinder (Hg.): Vielfalt leben – Profil gewinnen. Interkulturelle und interreligiöse Erziehung und Bildung in evangelischen Tageseinrichtungen für Kinder, Stuttgart 2002
Diakonisches Werk in Baden, und Evangelische Religionspädagogische Institute in Baden, Württemberg und Hessen (Hg.): Religionen in der Kita. Impulse zum Zusammenleben in religiöser Vielfalt, Stuttgart, Karlsruhe/Darmstadt 2012
Edelbrock, Anke/Schweitzer, Friedrich/Biesinger, Albert (Hg.): Interreligiöse und Interkulturelle Bildung im Kindesalter,
Bd. 1: Wie viele Götter sind im Himmel? Religiöse Differenzwahrnehmung im Kindesalter
Bd. 2: Auf die Eltern kommt es an! Interreligiöse und Interkulturelle Bildung in der Kita
Bd. 3: Interreligiöse und Interkulturelle Bildung in der Kita. Eine Repräsentativbefragung
Waxmann Verlag, Münster u. a. 2010/2011
Edelbrock, Anke/Biesinger, Albert/Schweitzer, Friedrich (Hg.): Religiöse Vielfalt in der Kita. So gelingt interreligiöse und interkulturelle Bildung in der Praxis, Cornelsen, Berlin 2012
Fischer, Andrea: Was glaubst denn du? Die Menschen und der liebe Gott, Goldmann, München 2008
Fleck, Carola/Leimgruber, Stephan: Interreligiöses Lernen in der Kita. Grundwissen und Arbeitshilfen für Erzieher/-innen, Bildungsverlag EINS, Köln 2011
Hugoth, Matthias: Fremde Religionen – Fremde Kinder. Leitfaden für interreligiöse Erziehung, Herder, Freiburg 2003
Steinwede, Dietrich/Ryssel, Ingrid (Hg.): Weltreligionen erzählen und verstehen, Gütersloher Verlagshaus, Gütersloh 1999
Tworuschka, Monika und Udo: Die Weltreligionen Kindern erklärt, Gütersloher Verlagshaus, Gütersloh 1996
Verband Katholischer Tageseinrichtungen für Kinder (KTK) – Bundesverband (Hg): Vielfalt bereichert. Interkulturelles Engagement katholischer Tageseinrichtungen für Kinder, Freiburg 1999
Wagemann, Gertrud: Feste der Religionen – Begegnung der Kulturen, Kösel, München 1996

Zum Islam

Fugmann, Haringke: Kirchenführer für Muslime. Gottesdienst-Institut der Ev.-Luth. Kirche in Bayern, Nürnberg, o. J.
Huber-Rudolf, Barbara: Muslimische Kinder im Kindergarten, Kösel, München 2002
Kaddor, Lamy/Müller, Rabeya: Der Koran für Kinder und Erwachsene, C. H. Beck Verlag, München 2. Aufl. 2008.
Kaddor, Lamy/Müller, Rabeya: Der Islam für Kinder und Erwachsene, C. H. Beck, München 2012
Lemmen, Thomas: Basiswissen Islam, Gütersloher Verlagshaus Gütersloh 2000
Schmidl, Karin: Paul und die Weltreligionen: Islam, Prestel Verlag München 2008
Mohagheghi, Hamideh/Steinwede, Dietrich: Was der Koran uns sagt, Bayerischer Schulbuchverlag, München 2010
Tworuschka, Monika und Udo: Der Islam Kindern erklärt, Gütersloher Verlagshaus Gütersloh 1999
Wilkinson, Philip: Der Islam. Geschichte, Glaube und Gesellschaft, Gerstenberg, Hildesheim 2007

Beispielregister

Beobachtungen an Kindern
Wie Kinder andere wahrnehmen 26
Religionssensible Bildung mit dem »Geheimnisbeutel« 70
Kinder denken über den einen Gott nach 88

Gemeinsame Erfahrungen (Begegnungen, Feiern, Rituale praktizieren)
Fantasievoll Beziehungen zu Müttern von Migrantenfamilien knüpfen 28
Gemeinsamer Segensgottesdienst 28 f.
Moscheebesuch 47
Aschura-Fest interreligiös feiern 48 f.
In Tischgebeten zeigt sich viel Übereinstimmung 68 f.
Unterschiedliches Gebetsverhalten der Kinder 74
Klare Rollen als Gastgeber und Gäste 77

Wenn unterschiedliche Glaubens- und Lebenspraxis aufeinander treffen
Ali räumt nicht auf 36
Eingewöhnung achtsam begleiten 41
Aufmerksamkeit für Familienfeste der Kinder 42
Wie nahe dürfen sich Aischa und Thomas kommen? 43
Schweinefleisch-Regeln als Lernfeld 44
Islamisches Opferfest und die Isaak-Geschichte 45 f.
Die Einrichtung mit den Augen der Anderen sehen 19 f.
In den Schuhen der Anderen gehen 34

Anregungen für Gespräche im Team
Streit um das Kopftuch 14
Fragen zur Sicherung der Religionsfreiheit in der Kita 38 f.
Teamgespräch zur interreligiösen Konzeption 50 f., 79 f.
Missionsauftrag und Toleranzgebot in der Kita 84
Wie mit Exklusivaussagen der Bibel umgehen? 86 f.
Wie man Vorurteilen entgegenwirken kann 116 ff.
Methodische Anregungen zum biografischen Austausch 126
Was bringen Erziehende in einer Kita in kirchlicher Trägerschaft ein? 130

Stichwortregister

Absolutheitsanspruch 96, 101 f.
Anmeldegespräch 24, 41
Aschurafest 20, 48 ff., 162

Bildungsrichtlinien und -ziele 39 ff.; 53
Beratungsangebote 56
Biografie 11, 33, 57, 118, 121 f., 124 ff., 146

Dialogfähigkeit 11, 113, 135 f.
Distanz und Nähe 19, 26, 70, 76, 129, 138
Dreieinigkeit 101, 134

Einfühlungsvermögen 27
Elternpartnerschaft 28, 135
Erzählen 46, 67, 73, 76, 126, 128, 130, 142 f., 156

Familienfeste 42, 135
Familienreligiosität 44, 55, 59, 62 f., 126, 135, 148
Festkalender 20, 140 f.
Fremdheitskompetenz 25, 136

Gastgeber und Gäste 77, 141
Gebete 17, 31, 38, 48, 74, 93, 115, 124, 129, 147 f., 152, 156
Geburtstag 20, 27, 146 f., 154, 162
Gemeinsamkeiten 18 f., 30 ff., 35, 39, 48, 54, 56, 68 f., 73, 75, 77 f., 85, 98, 109, 111 f., 136, 141
Grundrechte 33, 35 f., 39

Inklusion 18, 147
Inklusivismus 95, 99
Islam 9, 14 f., 22, 31 ff., 55, 68, 81, 86 f., 90, 96, 100 ff., 112, 132, 134, 144, 159 ff.

Judentum 31, 69, 81, 86, 90, 144, 154 f., 157, 159

Kindheit im Islam 15
Kirchenführer für Muslime 140
Kita in der christlichen Gemeinde 50, 63, 65, 84, 132 ff., 139 ff., 146 ff.

Konzeptionen 10, 22, 51, 53, 55, 67, 70 f., 78 ff., 83, 118, 126
Kopftuch 14, 72, 116
Koran 14, 23, 31, 39, 44 f., 48 f., 54, 76, 80, 89 f., 100 f., 104 ff., 110 f., 115, 143 ff., 159 ff.

Missionsauftrag 84, 112, 133
Mohammed 27, 89 f., 101, 105, 108 ff., 160 f.
Monotheismus 87 f., 91, 96, 98, 100, 111, 127
Moschee 26, 47, 76 f., 133, 140

Nähe und Distanz 10, 43, 63, 65 f., 71, 74 ff., 128, 139, 141

Opferfest 20, 45, 161
Orientierungswissen 23 f., 40

Passion und Ostern 107
Patchwork-Religiosität 57 f.

Religion (allgemein) 10, 13, 16 ff., 22 f., 25, 29 ff., 36, 38, 40, 42, 46, 50 f., 54 f., 59 f., 63 f., 68, 70 ff., 74, 76, 80, 83, 87, 96, 98, 101, 104 f., 116 f., 119, 126, 130, 134, 137, 139, 141, 143, 147 f., 154, 162, 167 f.
Religionsfreiheit 19, 36 ff., 50, 60, 62, 65 f., 70 f., 78, 135

Schweinefleischverbot 14, 25, 44, 115
Segensgottesdienst 28
Sprachfähigkeit, interreligiös 104, 114

Theologisieren 73, 143 f.
Toleranz 26, 30, 32, 66, 84 f., 97, 130 f.
Trägerschaft, kirchliche 9 f., 28, 38 f., 50, 77 ff., 118 f., 127, 130 f., 139, 143

Übergänge 41, 64

Vorurteile 23, 102, 116 f., 133, 138

Weihnachten 45, 64, 107, 141, 153
Weltethos 30, 57
Willkommenskultur 32 f.